Hansjakob Kröber wurde 1926 in Leipzig geboren. Er besuchte das Thomas-gymnasium und war Thomaner unter Günther Ramin. 1947 bis 1952 war er Abendspielleiter, Dramaturg und Regieassistent an der Bayerischen Staats-oper, wo er Dirigenten wie Georg Solti, Erich Kleiber, Hans Knappertsbusch, Eugen Jochum und Regisseuren wie Georg Hartmann, Günther Rennert, Heinz Arnold assistierte. Als Gastregisseur inszenierte er u. a. an der Staats-oper Dresden »Lohengrin«. Von 1954 an schrieb er als Musikkritiker für die *Abendzeitung* in München und die *AZ/8-Uhr-Blatt* in Nürnberg. 1963 trat er in die Redaktion der Zeitschrift *Kristall* ein und ist seit 1967 Kultur-Redakteur im Heinrich Bauer Verlag.

W0083014

Originalausgabe
© Droemersche Verlagsanstalt Th. Knaur Nachf., München 1986
Das Werk einschließlich aller seiner Teile ist urheberrechtlich geschützt.
Jede Verwertung außerhalb der engen Grenzen des Urheberrechts-
gesetzes ist ohne Zustimmung des Verlags unzulässig und strafbar.
Das gilt insbesondere für Vervielfältigungen, Übersetzungen,
Mikroverfilmung und die Einspeicherung und Verarbeitung
in elektronischen Systemen.
Umschlaggestaltung Adolf Bachmann, Reischach
Umschlagillustration Christian Dekelver
Reproduktion Krammer, Linz
Satz Compusatz, München
Druck und Bindung Ebner Ulm
Printed in Germany   5   4   3   2   1
ISBN 3-426-02343-1

Hansjakob Kröber:
Herbert von Karajan

Der Magier mit dem Taktstock

Mit zahlreichen Abbildungen

ISBN 3-426-02343-1   980

Inhalt

Foto: Lauterwasser, Electrola

Die Fuge

Silvester 1984. Konzert des Berliner Philharmonischen Orchesters im Zweiten Deutschen Fernsehen. Herbert von Karajan sitzt im nachtblauen Jackett mit kleinem Stehkragen, diamantblitzender Agraffe auf dem schmalen, schwarzen Binder, am Cembalo. Er dirigiert fast nicht. Die Violinsolistin führt das Konzert für Violine und Orchester e-Moll von Johann Sebastian Bach allein an. Es ist Anne-Sophie Mutter. Karajan begleitet. Nach dem Schlußakkord sagt er leise zu ihr: »Bravo!« Millionen haben diese Musik miterlebt.

In der Konzertpause.

Herbert von Karajan wird in seinem Dirigentenzimmer in der Berliner Philharmonie gefragt, ob er Bachs Musik als »dynamisch«, also sich entwickelnd, oder »statisch«, also wie Architektur, empfinde.

»Statische Musik«, antwortet darauf Herbert von Karajan, »wie das Wort schon sagt, ist ein ›Zustand‹. Schauen Sie, man hat ja immer wieder versucht – und ich weiß das aus meiner eigenen Laufbahn –, die Fuge aufzubauen als eine Form, die langsam ›wird‹ und dann zu einem Höhepunkt kommt, was eigentlich überhaupt nicht der Fall ist. Es ist so wie etwas, das einen Raum vollkommen ausfüllt.«

Und Karajan erklärt so, daß es jeder verstehen kann: »Jemand, der von einer Frau – sagen wir – besessen ist und der nun sein Zimmer mit dem Bild dieser Frau – Fotografien in allen möglichen Arten, ganz, teilweise, nur der Kopf, alles in allen Lichtschattierungen und Situationen – im wahrsten Sinne des Wortes seinen Raum, und dabei auch seinen inneren, geistigen Raum, auskleistert mit verschiedenen Bildern: Es ist immer dieselbe Person, aber in verschiedenen Aspekten. Und das ist eine Fuge genauso. Sie ist eigentlich ein Zustand. Und wenn das Thema gesetzt ist, dann kommt es in Vergrößerungen, Verkleinerungen, rückwärts, in Umkehrungen – aber es ist immer dasselbe. Und wenn es gelingt, diesen Zustand herzustellen, dann, glaube ich, hat man dem Werk den besten Dienst geleistet.«

Dieses Buch ist einer Fuge gewidmet. Das gesetzte Thema heißt: Herbert von Karajan. Die Fuge ist unendlich vielstimmig. Ihren Zustand mit allen Licht- und Schattenseiten herzustellen ist ein Versuch ohne Ende.

April 1986   Hansjakob Kröber

1. Kapitel

Der Krach

Die Buhrufe waren nicht zu überhören. Herbert von Karajan trat zum ersten Mal seit Beginn des Streits mit dem Berliner Philharmonischen Orchester wieder aufs Podium in Berlin. Vor das Orchester, dem er »auf Lebenszeit« verbunden ist. In seiner Philharmonie. Um Bachs h-Moll-Messe aufzuführen – mit dem Schluß »Dona nobis pacem«, zu deutsch: Gib uns Frieden! Danach gab es nur noch frenetischen Beifall . . .

Das war am 29. September 1984. Ein historisches Datum für das Orchester, das sich vor 102 Jahren (am 1. Mai 1882) in Rebellion gegen seinen Drillmeister Benjamin Bilse selbständig gemacht hatte.

Wieder war es Rebellion. Gegen den Chef Herbert von Karajan, den vierten nach Bilse. Die Vorgänger hießen Hans von Bülow (1886 – 1894), Arthur Nikisch (1895 – 1922) und Wilhelm Furtwängler (1922 – 1954).

Zwar war dieser Aufstand ein bißchen differenzierter als damals, als die 54 Musiker dem Bilse davongelaufen sind, weil er sie zu knauserig bezahlt hatte, weil er ihnen zugemutet hatte, auf Reisen 4. Klasse zu fahren.

Geld – das spielt schon eine Rolle. Eine große. In dem Spiel um viel Harmonie. Heute wie damals. Die Beträge sind allerdings gewachsen. Und das Selbstverständnis für innere Demokratie auch.

Dazu: Die Generationen haben sich verjüngt. Der Chef ist 76 – die meisten Musiker sind zwischen 30 und 50 Jahre alt. Vierteljahrhundert-Abstände... Entwicklungsabstände... Vater-Sohn-Probleme... Selbstbestimmungsprobleme... Tradition... Überlieferung... Diktatorenrecht eines Chefdirigenten – des letzten legitimierten Herrschers überhaupt? Da steht das Fragezeichen.

Der Chef Karajan sieht sich als »Vater« der Familie, als Pater familiae des Berliner Philharmonischen Orchesters – er hat das oft genug in Interviews gesagt: »Ich kenne alle ihre Probleme – beruflich und privat.« Und weil das so ist, hält er sich auch, zu

Recht oder nicht, für den Alleinbestimmenden, den Gott, den Wotan. Und gerade beim »Wotan« wird's problematisch, denn »Was du bist, bist du nur durch Verträge: bedungen ist, wohl bedacht deine Macht« heißt es in Wagners »Rheingold«. Wie das ausgegangen ist, weiß man.

Heutzutage kann man Verträge kündigen. Fristgerecht oder fristlos. Das wird auch munter getan. Allerdings geht das nicht mit dem Vertrag »auf Lebenszeit«, wie ihn Herbert von Karajan verlangte und, als Nachfolger Furtwänglers vom Orchester einstimmig gewählt, am 26. April 1955 – drei Wochen nach seinem 47. Geburtstag – auch bekam. Er gilt für das »Berliner Philharmonische Orchester«.

Nicht aber für die »Berliner Philharmoniker«. Obgleich unter den beiden Bezeichnungen dieselben Musiker spielen. Das ist das Verzwickte!

Und das muß geklärt werden: Das »Berliner Philharmonische Orchester« gehört dem Land Berlin, es untersteht dem Senat, es wird subventioniert. Die Musiker sind »Angestellte«. Sie bekommen Gehälter bis über 8000 Mark (Konzertmeister) im Monat und sind pensionsberechtigt. Dafür müssen sie jährlich 100 Konzerte in Berlin und 20 bis 30 Reisekonzerte geben. Herbert von Karajan ist verpflichtet zu jährlich sechs Konzertprogrammen mit je zwei Konzerten, sowie rund 20 Reisekonzerten. Meist macht er mehr.

Die »Berliner Philharmoniker« jedoch sind frei für Schallplattenaufnahmen, Konzerte eigener Kammerensembles, Videoaufzeichnungen – und was so sonst noch alles zusätzlich Geld bringt (mit Karajan zusammen kommen da hübsche Sümmchen heraus).

Und hier entzündete sich der Krach: nicht etwa der »Fall Sabine Meyer« (von dem noch zu reden sein wird), sondern an einem Plakat!

Herbert von Karajan ärgerte sich, als er es in die Hand bekam. Darauf war das, vom Orchestervorstand und Kontrabassisten Prof. Rainer Zepperitz betreute, Kammerorchester mit dem Untertitel »Berliner Philharmonisches Orchester« angekündigt. Dazu der Chefdirigent wütend: »Schließlich bin ich der künstlerische Leiter des Orchesters!«

Besänftigung und Einigung kam zustande, als das schon mit 24 Mann bereitstehende Ensemble »auf Druck des Berliner Kultursenators Volker Hassemer in diesem Februar 1984 eine Begrenzung auf höchstens 13 Mitglieder akzeptierte« (so Jürgen Kesting im

Die Berliner Philharmonie: Der Raum, das Orchester, der Dirigent und Chef auf Lebenszeit. (Foto: Deutsche Grammophon)

»Stern«). Anzumerken ist, daß jede größere Ensemblegruppe, die auf eigenen Konzerten und für eigene Einnahmen abwesend ist, natürlich die Qualität des zu Hause musizierenden 116-Mann-Orchesters schwächt. Denn bei den Konzerten in Berlin müssen dann die leeren Plätze im Orchester mit Aushilfen und Substituten aufgefüllt werden. Klar, daß die dann nie so exzellent sind wie das Stammorchester. So weit, so gut!

Aber nun spitzte sich die Aversion des Orchesters gegen seinen Intendanten Dr. Peter Girth zu. Der hatte sein Amt 1983 im Einvernehmen mit Karajan so ernst genommen, daß er nicht nur der vom Maestro favorisierten, 23jährigen Klarinettistin Sabine Meyer über die demokratisch-ablehnenden Köpfe der Philharmoniker (»Ihr Ton paßt nicht ins Orchester«) hinweg ein Probejahr vertraglich vermittelt hatte. Nein, er hatte auch noch die zahlreichen Nebentätigkeiten der Orchestermitglieder zu beschränken versucht. Also forderten die Philharmoniker, daß Girths Vertrag (seit 1978) nicht über 1985 hinaus verlängert werden dürfe. Und der Berliner Senat, Abteilung Kultur, gab dem Verlangen statt. Nun wurde der »Wotan« in Salzburg böse (»Ich habe noch niemals irgend jemandem gehorcht!«). Er wetterte los und teilte den Berliner Philharmonikern (!) mit, daß er sie zu seinem Pfingstkonzert am 11. Juni 1984 nicht mehr haben wolle. Das bestürzte die Philharmoniker. Sie schrieben ihrem Chef einen Brief:

> »Sehr geehrter Herr von Karajan,
> am 29. 5. ließen Sie uns ohne Angabe von Gründen mitteilen, daß das fest mit uns geplante Konzert in Salzburg am 11. 6. für das Berliner Philharmonische Orchester ›storniert‹ sei. Am 30.5. baten wir Sie telegrafisch, Ihren für uns völlig unverständlichen Entschluß zu revidieren. Bis heute haben wir keine Antwort erhalten. Da Sie dieses Konzert nunmehr mit den Wiener Philharmonikern geben werden, berührt Ihr Vorgehen zentrale Fragen des Verhältnisses zwischen Ihnen und uns.
> Wir stellen fest, daß Ihr Verhalten in dieser Sache wie in weiteren unser Orchester betreffenden Angelegenheiten mit den Pflichten eines künstlerischen Leiters unseres Orchesters nicht mehr zu vereinbaren ist. Im Interesse einer unserer langjährigen und erfolgreichen Zusammenarbeit würdigen Lösung dieses Problems appellieren wir an Sie, Ihre Einstellung zu der Position eines künstlerischen Leiters unseres Orchesters, die Ihnen aufgrund der Resolution des Berliner Philharmonischen Orchesters vom 13. 12. 1954 übertragen wurde, zu überprüfen.
> Mit vorzüglicher Hochachtung,
> Orchestervorstand Rudolf Weinsheimer und Rainer Zepperitz gemäß Beschluß der Orchesterversammlung vom 4. 6. 1984.«

Der Maestro weilte inzwischen in Wien zu Plattenaufnahmen von Verdis »Requiem« mit den Wiener Philharmonikern aufgrund eines 1982 mit der Deutschen Grammophon geschlossenen Vertrages. Trotz dieser gewiß anstrengenden Arbeit reagierte er sofort. Und zwar mit einem Telegramm an das frischgebackene Landesoberhaupt von Berlin, Eberhard Diepgen, der gerade die Nachfolge des designierten neuen Bundespräsidenten Richard von Weizsäcker angetreten hatte:

»Sehr geehrter Herr Regierender Bürgermeister,
das Berliner Philharmonische Orchester hat mich mit Schreiben vom 4. Juni 1984 aufgefordert, die Pflichten eines künstlerischen Leiters zu überprüfen.
Darf ich Sie nun persönlich bitten, die Rechte und Pflichten des künstlerischen Leiters zu präzisieren und festzustellen, inwieweit die Wahrnehmung dieser Rechte und Pflichten mit dem Verhalten des Orchesters in den letzten zwei Jahren noch zu vereinbaren gewesen wäre. «

Das hätte vielleicht noch irgendwie gutgehen können. Sabine Meyer hatte inzwischen klugerweise verzichtet, nach Ablauf ihres Probejahres, bei einer Abstimmung der Vollversammlung des Orchesters im Mai 1984 über ihre Festanstellung womöglich aus unobjektiven und nicht künstlerischen Motiven durchzufallen. Der Regierende Bürgermeister machte sich mit Frau und Kindern auf den Autobahnweg nach Salzburg, am Pfingstsamstag quälte er sich durch endlose Autoschlangen zum Treffen zwischen Bruckner und Brahms und mit dem zürnenden Maestro.
Aber da war ein neues Plakat gekommen – aus New York. Anfang Juni wurde es Karajan zugeschickt. Die Amerikaner kündigten darauf »34 Solisten und Mitglieder des Berliner Philharmonischen Kammerorchesters« für ein Konzert im Oktober an. Das ging dem Maestro begreiflicherweise über die Hutschnur.
Er verhandelte mit Eberhard Diepgen. Der fuhr zurück nach Berlin und gab in einer Pressekonferenz bekannt, daß Intendant Peter Girth vorzeitig beurlaubt werde, und er mit Herbert von Karajan »personelle Veränderungen« besprochen habe.
Das stand kaum in der Zeitung, als der Maestro auch schon aus Wien telegrafisch konterte: »Danach ist in der Öffentlichkeit der Eindruck entstanden, daß ich der beabsichtigten Beurlaubung Dr. Girths zugestimmt hätte. Das ist unrichtig. Ich habe Herrn Diepgen in aller Klarheit gesagt, daß ich mit einer derartigen Lösung nicht einverstanden sein kann. «
Es wurde alles immer verfahrener. Aus Berlin dementierte Rainer Zepperitz das New Yorker Plakat: Das hätten die amerikanischen Veranstalter ohne aller Wissen so draufgeschrieben. Das Kammerorchester würde nur mit den vereinbarten 13 Philharmonikern reisen – die restlichen 21 Musiker seien dazuengagiert und sie seien keine Mitglieder des Orchesters.

Aber Karajan war nun mal in Rage und baute seine Mauer auf. Unversöhnlich. Er steigerte sich immer mehr hinein in seinen Zorn – und war am Schluß todunglücklich, daß er sich von seiner Wand nicht mehr würde lösen können. Denn Herbert von Karajan liebt seine Berliner Philharmoniker – und sie lieben ihn, so paradox das klingt. Einer sagte das so: »Ohne Karajan sind wir doch nur wie ein Stiel ohne Apfel!«

Doch angesichts der ›Mauer‹ schlugen die Philharmoniker zurück, stolz wie die Spanier: Sie kündigten alle Medienverträge mit dem Maestro – das heißt: Es gibt keine Schallplattenaufnahmen, keine Film-, TV- und Video-Produktionen mehr mit ihm. Und sie ließen auch die »Deutsche Grammophon« sausen. Das bedeutete eine ganze Menge weniger Geld. Aber sie tönten: »Wir sind doch nicht Karajans Privatverein« – so Geiger Hellmut Stern (im »Spiegel«), und Orchestervorstand Zepperitz: »Jetzt sitzen wir alle vor einem Scherbenhaufen; wäre die Suspendierung Girths vor einem Jahr schon erfolgt, hätte es zwar einen gewaltigen Krach gegeben, aber nach einer Weile wäre der Weg für eine Normalisierung frei gewesen... Die Selbstachtung des Orchesters mußte Vorrang vor den finanziellen Nachteilen haben, aber für Geld ist eben nicht alles zu haben!« Stolze Worte. Man wird weitersehen...

Im Laufe des Monats Juni beurlaubte der Berliner Senat den Intendanten Dr. Peter Girth vom Dienst und setzte den ehemaligen Intendanten des Orchesters (1959 bis 1978) Dr. Wolfgang Stresemann, 79 Jahre alt, wieder kommissarisch in das Amt ein. Karajan hatte noch einen Forderungenkatalog an den Kultursenator geschickt, in dem er seine Vorstellungen von Mitbestimmung und Veto-Recht für seine Person und sein Amt als künstlerischer Leiter formuliert hatte. Im übrigen hüllte er sich in Schweigen. Das Orchester reagierte sauer. Es wartete auf eine »Versöhnungsgeste«, bevor es Ende Juni in Urlaub fuhr, auf ein Gespräch. Karajan aber schickte erst Ende Juli ein Telegramm, in dem er auf die beiden Konzerte am 27. und 28. August bei den Salzburger Festspielen Bezug nahm:

> »Sehr geehrte Herren, ich freue mich auf die Zusammenarbeit in Salzburg und heiße Sie herzlich willkommen. Ihr Herbert von Karajan.«

Das genügte den sehr geehrten Herren nicht. Das sei nicht die

Karajan vor seinem Orchester: Ein Augenblick höchster Konzentration.
(Foto: Deutsche Grammophon)

erwartete Versöhnungsgeste. Und sie sagten die beiden Konzerte ab.

Karajan reagierte prompt. Ohne Rücksicht auf die Kosten ließ er die Wiener Philharmoniker für die beiden Konzerte nach Salzburg einfliegen. Und da die Wiener abends in ihrer Staatsoper zu spielen hatten, verlegte er die beiden Konzerte einfach auf den Vormittag, 11 Uhr. Das bedeutete für das große Orchester zweimal Wien–Salzburg und zurück an zwei Tagen.

Außerdem ließ der Maestro mit riesigen Lautsprecheranlagen die Konzerte live auf den Domplatz übertragen. Früher hätte er das als Barbarei verdammt, heute meinte er, das sei ein wichtiger Schritt zu Öffnung der Festspiele für ein breites Publikum. Die Wiener Philharmoniker setzte er dann auch gleich zu den Konzerten vom

31. August und 1. September bei den Internationalen Musikfestwochen Luzern ein.

Außerdem drohte er, beim Landgericht Berlin gegen die Berliner Philharmoniker eine Klage wegen Vertragsbruchs mit der Multimedien-Firma »Telemondial«, mit Sitz in Monte Carlo, einzureichen, deren künstlerischer Leiter er ist. Denn da fehlten an den Musik- und Bildaufnahmen zu der Einspielung »letzter Hand« aller Beethoven-Symphonien noch etwa 200 Einstellungen und Synchronisationen (für die man ja nicht plötzlich ein anderes Orchester hätte einsetzen können). Ein Schaden, der in die Millionen zu gehen drohte.

Der endgültige Bruch war da. Eine Tragödie ohnegleichen. Götterdämmerung...

Da kam im Palace-Hotel Luzern ein Telex aus Berlin an:

»Sehr geehrter Herr von Karajan,
im Namen der Mitglieder des Philharmonischen Orchesters danken wir Ihnen für das Schreiben vom 21. August 1984. Wir werden, auf Ihre Bitte eingehend, im Rahmen der Berliner Festwochen die h-Moll-Messe am 29. und 30. September spielen. Jede weitere Zusammenarbeit aber müssen wir davon abhängig machen, daß die von Ihnen angebotenen und von uns als unabdingbar notwendig erachteten Gespräche zu einem für die Zukunft des Orchesters akzeptablen Ergebnis führen! Unser Intendant Dr. Stresemann hat sich dafür verbürgt, daß diese Gespräche im notwendigen Umfang stattfinden. Sie müßten spätestens auf die Zeit unmittelbar nach den Konzerten gelegt werden, wenngleich jeder vorherige Zeitpunkt geeigneter wäre.
Mit freundlichen Grüßen
Rudolf Weinsheimer und Rainer Zepperitz.«

Wieder mal ein »Wunder Karajan«? Was ging voraus?
Inmitten all des Hickhacks während der Salzburger Festspiele, zwischen wundervollen Aufführungen seiner Inszenierung des »Rosenkavalier« und vor den beiden Konzerten mit den Wiener Philharmonikern hatte Herbert von Karajan sich plötzlich von seiner »Wand« gelöst, seine eigene Mauer durchbrochen. Unvermittelt, unerwartet. Am 21. August hatte der Maestro folgenden Brief an das Berliner Philharmonische Orchester geschrieben:

»Sehr geehrte Herren,
die internationale Musikwelt und unser Publikum erwarten,
daß wir gemeinsam in Bachs h-Moll-Messe bei den diesjährigen Berliner Festwochen musizieren. Gerade dieses Werk, das
von Menschlichkeit und christlichem Geist tief geprägt ist,
sollte es uns erleichtern, in versöhnlicher Gesinnung einen
Schlußstrich zu ziehen und an die frühere Gemeinsamkeit
wieder anzuknüpfen.

Über die lange Zeit von 30 Jahren hinweg, die fast mein gesam-
tes berufliches Leben und auch das vieler Orchestermitglieder
umfaßt, konnten wir gemeinsam nur deshalb diese bleibenden
und uns überdauernden großen Leistungen erbringen, weil wir
in der Musik gleichgestimmt und in gegenseitigem Respekt
miteinander umgegangen sind.

Unglückliche Fügungen, menschliche Unzulänglichkeiten und
Fehler in der jüngsten Zeit können und dürfen das Bild und die
Wirkung eines weltweit gewürdigten musikalischen Siegeszu-
ges und unaufhörlichen Aufstiegs nicht verdunkeln.

Ich schlage Ihnen deshalb vor, im September 1984 bei den
Berliner Festwochen, denen ich seit 1953 als Dirigent des Berliner Philharmonischen Orchesters verbunden bin, erst einmal
die gemeinsame musikalische Arbeit wieder aufzunehmen. Für
die anstehenden Fragen werden wir dann in größerer Ruhe,
Sachlichkeit, Entspannung und Geduld bessere Lösungen finden.

Mit herzlichen Grüßen,
Herbert von Karajan.«

Zunächst hatten die Berliner darauf bestehen wollen, daß die
anstehenden Gespräche *vor* den Konzerten stattfinden müßten.
Sie hatten sich aber von dem souverän, diplomatisch agierenden
und zugleich respektgebietenden Intendanten Dr. Wolfgang Stresemann (der seinen Karajan wie seine Westentasche kannte –
soweit man denn Gott überhaupt »kennen« kann) überzeugen
lassen, daß das nicht das Wichtigste sei. Das Orchester ließ also
wissen, daß es »das christliche und menschliche Anliegen« Karajans erfüllen werde.

Gleichwohl hatte es schon vorher (sic!) mit dem amerikanischen,
finanziell starken Schallplatten-Konzern CBS über eine Zusammenarbeit verhandelt – und zwar ohne Karajan!

Dann schrieb der Orchestervorstand seinen Brief, von dem Intendant Stresemann allerdings meinte, er sei ihm in der Form nicht österreichisch genug. »Ich kann mir nicht vorstellen, daß Herbert von Karajan dieses Schreiben mit Entzücken aufnimmt. Aber zum anderen hoffe ich, daß er in der Tiefe seines Herzens doch immer noch an seine Philharmoniker denkt, und daß er ehrlich bemüht ist, dieses Lebenswerk nicht sang- und klanglos aufzugeben. Bei aller Größe Karajans muß man auch an das Wort denken: Wo viel Licht ist, ist auch viel Schatten. Ich hoffe, daß die Vergangenheit bald ruht und daß die großartigen Leistungen der Philharmoniker, die gerade jetzt wieder deutlich wurden (Anmerkung: als sie anstatt in Salzburg die ausgefallenen Konzerte in Berlin unter Daniel Barenboim und Lorin Maazel als Sonderkonzerte spielten), alles andere übertreffen und auch die Schwierigkeiten, die es gab, vergessen lassen.«

Immerhin: Karajan hatte die Mauer überwunden – allerdings auch aufgescheucht durch die CBS-Verhandlungen, das darf man nicht vergessen. Denn schließlich »gehört« der Maestro hauptsächlich der Deutschen Grammophon. Und an allem hängt Geld, viel Geld. Fast möchte man sagen: das Rheingold, siehe oben.

Die h-Moll-Messe also von Johann Sebastian Bach, die katholische Kirchenmusik des Protestanten, dirigiert vom Österreicher Karajan, der seinem Wesen nach eher ein streng disziplinierter Preuße ist – wenigstens was seine unermüdliche Arbeit im Dienste der Musik betrifft –, dieses gewaltige Werk wurde zum Triumph. Karajan, der sich mühsam zum Pult schleppte, zum Podium hochzog, über zwei Stunden ohne Pause eisern feststand, nach dem »Dona nobis pacem« den Taktstock erschöpft sinken ließ, im tosenden Beifall des Publikums den ersten Konzertmeister Leon Spierer und dessen Kollegen am ersten Pult, Toru Yasunaga, umarmte – dieser Herbert von Karajan, von Schmerzen gepeinigt, von unbeugsamer Willenskraft getrieben, hatte gesiegt.

Und er hatte es sogar noch *vor* der Aufführung zum konstruktiven Gespräch mit dem erweiterten Orchestervorstand kommen lassen. Kultursenator Volker Hassemer auf einer eilig einberufenen Pressekonferenz: »Auf partnerschaftlicher Basis einen künstlerischen Neuanfang zu unternehmen«, sei man übereingekommen. Kammermusik (bis zu 13 Musikern) ist wieder möglich (das New Yorker Konzert war abgesagt worden). Beim umstrittenen Probespielverfahren für neue Orchestermitglieder wird es keine Boykottmöglichkeiten für den Chef geben. Wenn er an vereinbarten Probespielterminen nicht teilnimmt oder teilnehmen kann, gilt allein die Entscheidung des Orchesters. Natürlich werden seine Vorschläge gehört und berücksichtigt. Nur: Wenn er nicht da ist, wird ein zweites Probespiel nicht stattfinden. Und bei den anstehenden Reisen wird er dirigieren. Wenn er verhindert ist, hat er das Vorschlagsrecht für den Reisedirigenten.

Nach der zweiten Aufführung der h-Moll-Messe am Sonntag, dem 30. September, ließ der Chef Herbert von Karajan ein Schreiben ans Schwarze Brett in der Philharmonie heften:

>Liebe Freunde,
erlauben Sie mir, daß ich Ihnen meine Bewunderung und meinen Dank ausspreche. Was Sie in diesen Konzerten geleistet haben, wird für immer in der Erinnerung aller bleiben, die sie miterleben durften.«

Und am Sonnabend, dem 13. Oktober, ging er in die Luft – auf eine mehrwöchige Tournee mit »seinem« Berliner Philharmonischen Orchester nach Japan und Südkorea... in Harmonie? Da ist wieder ein Fragezeichen.

Zu viel hat sich seit 1982 an Disharmonie und gleichzeitig höchsten musikalischen Produktionen unter Karajans Leitung ereignet. Wer ist eigentlich dieser Mann mit dem griechischen Namen, der zu dem wurde, was der greise, diplomatisch so rüstige Intendant Dr. Wolfgang Stresemann (der ihn durchaus kritisch zu sehen vermag) dem Autor dieses Buches gegenüber so formulierte: »Die Welt ohne Karajan wird eine andere sein – nicht nur die Musikwelt!«? Also einer, der diese unsere Welt in der zweiten Hälfte dieses Jahrhunderts mitgeprägt hat wie kein anderer Musikchef vor ihm...

Offen für die Freunde: Die Armbanduhr innen am Handgelenk erlaubt
dem Praktiker und Taktiker den unauffälligen Blick nach der Zeit, um ein
Gespräch zu beenden oder einen Termin einzuhalten – denn genauer
Zeitplan geht dem Maestro über alles!
Foto: Lauterwasser/Electrola

2. Kapitel

Der Kniefall

Vor dem Mann muß man knien. So wie es an jenem 12. Juni 1956 die meistgefeierte und meistgefürchtete Primadonna aller Opernhäuser der Welt tat: Maria Callas sank vor Herbert von Karajan in die Knie und küßte ihm die Hand.

Das war in Wien, nachdem der letzte Vorhang der Aufführung der Oper »Lucia di Lammermoor« von Donizetti gefallen war – ein Gastspiel der Mailänder Scala mit der Callas in der Titelpartie, mit einer so atemberaubenden Wahnsinnsszene, wie sie in diesem Haus noch nie gezeigt worden war. Karajan dirigierte und führte Regie. Das Publikum raste.

Am nächsten Tag wurde bekanntgegeben: Herbert von Karajan ist von jetzt an künstlerischer Leiter der Wiener Staatsoper! Den Titel »Direktor« hatte er abgelehnt. Das er's faktisch dennoch war, sollte sich in der Zukunft mit allen Licht- und Schattenseiten erweisen.

Damals war der 48jährige Dirigent, in Salzburg gebürtig, gerade erst ein Jahr lang Chef des Berliner Philharmonischen Orchesters, Nachfolger des legendären Wilhelm Furtwängler, der ihn – Herbert von Karajan – zeitlebens als schärfsten Rivalen erkannt, bekämpft und anerkannt hatte. Und vor dem nun kniete die stolze Callas. Das war keine Schau. Das war echte Begeisterung und – Dankbarkeit.

Dabei hatte die Zusammenarbeit Karajans mit der Callas gar nicht so glatt begonnen – im Gegenteil. Zwei Jahre zuvor dirigierte und inszenierte Karajan eben diese »Lucia di Lammermoor« an der Mailänder Scala: »Ich hab dort in Mailand experimentiert«, erzählte er öfters (u. a. auch im ZDF-Interview, 5. 4. 83, mit Friedrich W. Müller). »Ich hatte da einen Schleiervorhang, durch den man das Bild weicher machen kann, wenn man ihn in bestimmter Weise beleuchtet. Das hab ich ausprobiert.

Da saß ich in der Probe unten, und sie ist von der Bühne heruntergekommen und sah da also einen Schleier und – sie war ja ein wenig selbstherrlich – hat dann dem Generalsekretär der Scala,

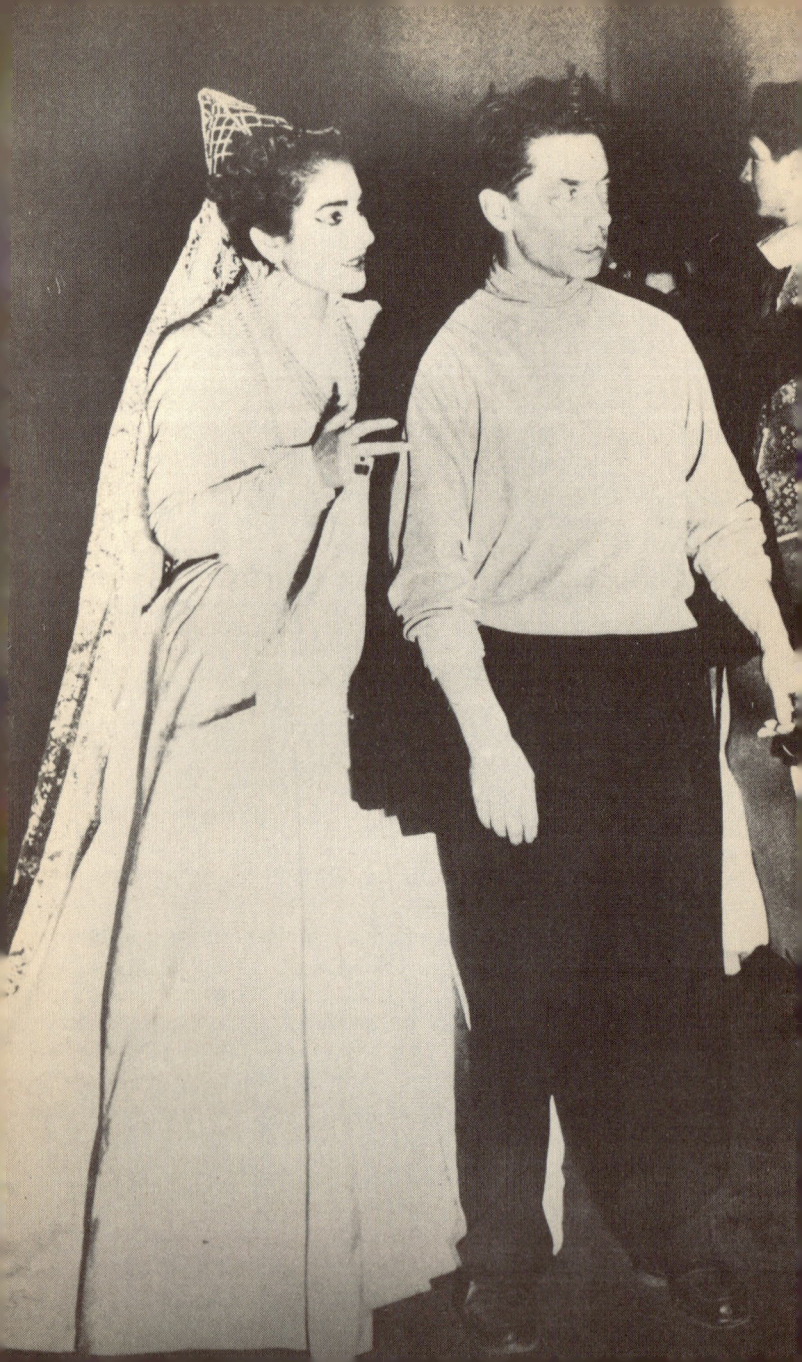

Oldani, der gerade im Zuschauerraum war, gesagt: ›Wenn dieser Schleier bleibt, singe ich nicht!‹ Da hab ich gewartet, bis sie ein bißchen weitergegangen ist, und hab mich umgedreht und gesagt: ›Oldani, suchen wir uns eine andere Lucia‹. Ganz einfach! Die Callas ist dann weg, der Oldani auch.

Nach einer halben Stunde ist er dann zurückgekommen und hat gesagt:›Maestro, da oben ist die Frau Callas in einem Zimmer und sie heult come un vitello tagliato, wie ein geschlachtetes Kalb!‹. Ich hab gar nicht gewußt, daß ein geschlachtetes Kalb heulen kann, aber das ist eben ein italienischer Ausdruck.

Dann ist er wieder hinaufgegangen, und sie ist heruntergekommen, und ich sagte: ›Maria, erstens einmal habe ich Versuche gemacht. Ich weiß gar nicht, ob das wirklich so wird. Zweitens: Wenn Sie mir sagen können bei einem Stück-Singen, wie Ihre Stimme klingt mit und ohne Schleier, dann können wir ernstlich drüber reden, ob es sein soll oder nicht. Ich bin gern bereit, die Probe zu machen!‹ Sie hat sie nicht gemacht. Sag ich: ›Man kann über alles reden, ich vertrage nur eines nicht, wenn Dinge gesagt werden, ohne von der Sache eine Kenntnis zu haben und daraus das Postulat einer einzelnen Person zu machen – da kann ich nicht mit! Dann müssen Sie Ihre Partie abgeben!‹

Es ist natürlich nicht dazu gekommen, sie hat gesungen. Und ich muß sagen, es war ein unwahrscheinliches Ereignis. Sie war musikalisch, kam vorbereitet auf jede Probe, war bis ins Kleinste studiert. Sie hat da eine Stelle, da hat sie sich langsam umgedreht, ein Ritardando gemacht und ist nicht einen Bruchteil mit dem Orchester auseinandergekommen. Eine Musikalität – absolut einzigartig! Und in jeder Vorstellung gleich, immer vorbereitet, immer zuverlässig«, so schwärmt Herbert von Karajan noch heute.

Nur, bei aller Schwärmerei, nach dem Wiener Triumph-Gastspiel in Wien gab es dort kein zweites für die Callas. Denn, so Karajan, »ihr Manager glaubte nun die Gage auf ein Dreifaches hochschrauben zu können fürs nächste Jahr«. Das sollten dann 65 000 Schilling sein (damals umgerechnet 22 000 Mark etwa).

Da machte Karajan nicht mit: »Nicht, daß wir das nicht hätten zahlen können, nein, aber das wäre allen anderen Sängern gegen-

◁ Karajan inszeniert »Lucia di Lammermoor« von Donizetti mit Maria Callas in der Titelpartie an der Mailänder Scala in der Saison 1953/54.
(Foto: Teatro alla Scala Milano, Archivio Fotografico)

über unverhältnismäßig und ungerecht gewesen.« Karajan blieb
eisern – und soll in Mailand den Kontrakt vor ihren Augen zerris-
sen haben. Wie auch immer, er engagierte sie zu solchen Bedingungen nie wieder, wie hoch er sie künstlerisch auch schätzte. Er
wollte später auch Opernfilme mit ihr machen. Aber es kam nie
dazu

Maria Callas starb am 16. September 1977 in Paris mit 53 Jahren.
»Es war ein entsetzlicher Verlust für uns alle, wie sie gestorben
ist«, sagt Herbert von Karajan.

Unbeugsam, kompromißlos, unbequem in allen künstlerischen
Dingen – das war Karajan immer. Ein Memorandum des 1. US-
Kulturoffiziers Otto de Pasetti von 1946 an das US-Hauptquartier
in Österreich (laut »Karajan«-Buchautor Robert C. Bachmann,
einem Schweizer) sagt über Karajans Ulmer Jahre (1929 – 1934):
»Er war dort wegen seines Charakters nicht erfolgreich.« Und der
Aachener Pianist Krienz meinte: »Als Dirigent ein Genie – aber als
Mensch ein Satan!« (In Aachen war Karajan von 1934 bis 1941).
Für solche Äußerungen hat der Maestro nur ein müdes Lächeln
übrig. Selbst wenn sie ihn verletzt haben sollten, er hat es von
Kindheit an gelernt, Schmerzen zu ertragen – innere wie äußere.
Er zuckt mit den Achseln und sagt mit weichem österreichischen
Akzent: »Die Hunde bellen, die Karawane zieht weiter!«

Und es ist ja wirklich so etwas wie eine Karawane, die er in seiner
Person vereinigt. Er ist nicht nur der Stardirigent, der Herrscher
über Philharmoniker und Festspiele. Glanz und Glamour der Obe-
ren Zehntausend umfunkeln ihn – auch wenn er Parties haßt. Er
lebt, wo es ganz teuer ist: in St. Moritz, in St. Tropez, natürlich
auch in Salzburg, genauer gesagt in Anif, einem Vorort von
Salzburg. Sein Berliner Domizil hat er am Kurfürstendamm im
Nobel-Hotel Kempinski, eine Suite im vierten Stock mit fabelhaf-
tem Etagenservice und eigenem Schlüssel zum Swimming-pool.
Denn der Meister pflegt jeden Morgen um sechs Uhr aufzustehen
und zu schwimmen. Um sechs – da ist er der erste. Der erste wie
immer...

Seine Gesprächspartner sind Rennfahrer wie Niki Lauda und Hans
Stuck jr. oder Schauspieler wie Maximilian Schell und das Ehepaar
Nadja Tiller/Walter Giller. Auf dem Höhepunkt seiner Karriere
war er zugleich Chef in Berlin und in Wien und in Mailand und in
London. »Karajan hier, Karajan da!« – war das aber tatsächlich der
Höhepunkt?

Er heiratete dreimal: zuerst eine Operettendiva, dann eine Millionärin, zuletzt ein blutjunges Mannequin aus Frankreich. Seine Leidenschaft sind PS-starke Sportautos genauso wie das Fliegen oder Segeln – natürlich selbst am Lenkrad, am Steuerknüppel oder auf der Kommandobrücke beziehungsweise am riesigen Ruder seiner »Maxi«-Yacht. Technik jeder Art fasziniert ihn. Von ihm gibt es die meisten Schallplatten mit klassischer Musik – selbstverständlich immer mit den modernsten, neuesten und perfektesten Aufnahme- und Wiedergabeverfahren produziert. Fernsehen, Film, Video beherrscht er – seine Geschäfte sind Millionengeschäfte.

Eine Zeitlang war sein Lebensweg mit Krächen, Hieben und Niederlagen gepflastert. Das hat ihn mißtrauisch gemacht, aber er hat alles durchgestanden. Buchstäblich. Denn selbst wenn ihm jetzt die Beine beim Gehen den Dienst fast versagen, heißt es für ihn wie im »Rosenkavalier«: »Wo ich steh, steh ich!«

Eine fünfstündige Bandscheibenoperation unter dem Mikroskop zwischen dem ersten und zweiten Lendenwirbel 1976 in Zürich rettete ihn knapp vor einer Querschnittslähmung. 1978 bückte er sich während einer Probe, um seinen hinuntergefallenen Taktstock aufzuheben. Er stürzte, verriß sich – seitdem hat er Mühe mit dem Gehen, ein Bein schleppt nach. 1983 schließlich wurde wieder eine Operation an der Wirbelsäule nötig. Diesmal in Hannover. Es hieß, ein Tumor habe auf den vierten Halswirbel gedrückt und böse Schmerzen, Lähmungserscheinungen, verursacht. Das war im Juni. Aber Anfang Juli probte er bereits wieder in Salzburg, inszenierte und dirigierte seinen »Rosenkavalier«.

Herbert von Karajan quält sich mit Krankheiten, mit Schmerzen herum. Bekämpft sie mit eisernem Willen, mit eherner Disziplin, mit Yoga. Und leistet Spitze. Noch und noch. Ob es seine Schallplatteneinspielung der IX. Symphonie von Gustav Mahler ist, oder seine »Tosca«, die er konzertant am 22. Februar 1982 in Berlin aufführte. Die Berliner Philharmonie (von den Berlinern liebevoll-ironisch »Zirkus Karajani« genannt) drohte im Applaus der Zuhörer einzustürzen.

Man denke: »Tosca« von Giacomo Puccini ohne Dekoration im Konzertsaal. Absurd scheint das: ein Bühnenwerk, das von der Dramatik der Szene lebt, als musikalisches Oratorium aufzuführen. Ohne sichtbare Folter, ohne versuchte Vergewaltigung, ohne Mord.

Aber was da im Konzertsaal geschah – Solisten und Orchester in Frack und Abendgarderobe auf dem blanken Podium –, das verschlug denen, die dabei sein durften, den Atem. Herbert von Karajan peitschte mit Katia Ricciarelli (Tosca), José Carreras (Cavaradossi) und Ruggero Raimondi (Scarpia) die Spannung allein von der Musik und vom Gesang her auf einen einmaligen, nie zuvor erreichten Gipfelpunkt.

»Jeder Dirigent sollte zweimal im Jahr ›Tosca‹ dirigieren«, hat Karajan vor vielen Jahren zu Sir Rudolf Bing, dem langjährigen Generalmanager der Metropolitan Opera New York, gesagt. Und warum sollte jeder Operndirigent das tun? Originalton Karajan: »Da kann er alle aufgestauten Aggressionen loswerden.«

An immer wieder aufgestauten Aggressionen – aus welchen Gründen auch immer – hat es Herbert von Karajan in seiner langen Karriere nie gemangelt. Er hat sie auch durchaus nicht immer nur durch »Tosca« kompensiert, denn Aggressionen allein müssen ja kein Grund sein, das oft als reißerisch verschriene Puccini-Werk aufzuführen, eher: ihm als einem genialen Stück Musik Gerechtigkeit angedeihen zu lassen. Und das tut Herbert von Karajan kongenial!

Seine Musiker lieben ihn – auch wenn sie ihn manchmal hassen, oder er von ihnen grimmig behauptet: »Die warten nur auf meinen Tod.« Für seine Sänger ist er der »Maestro dei Maestri«, der Meister aller Meister – so bezeichnen ihn nicht nur berühmte Tenöre wie Placido Domingo, José Carreras, Peter Hofmann, die Sopranistinnen Leontyne Price, Katia Ricciarelli, Hildegard Behrens (Karajan: »Die ›Salome‹, auf die ich jahrzehntelang gewartet habe!«), die Mezzosopranistin Agnes Baltsa (Karajans »Carmen« und »Rosenkavalier«) und viele andere.

Das Jahr 1982 bot noch mehr Glanzpunkte. Zu seinem privaten ureigenen Osterfest, den Osterfestspielen in Salzburg, inszenierte und dirigierte er den gerade so geschundenen (München: von Wernicke im Salon inszeniert, Bayreuth: von Kupfer als Psychotraum der Senta gestaltet) »Fliegenden Holländer« von Richard Wagner neu. Wie war das?

»Karajan und Schneider-Siemssen (Anm.: Bühnenbilder) ist die szenisch geschlossenste ihrer Wagner-Produktionen gelungen. Eine Wiedergeburt der Meeres- und Gespensterromantik aus dem Geist der modernen, illusionistischen Bühnentechnik«, schwärmte Karl Schumann, Kritiker der »Süddeutschen Zeitung«. Und die im allgemeinen ziemlich bissige Marianne Reißinger schrieb in der Münchner »Abendzeitung«: »Ein ›Holländer‹ aus dem Geschichtsbuch der Inszenierkunst... in ihrem Stil – die geschlossenste, konsequenteste, phantasievollste und hintergründigste Karajan-Inszenierung, die ich bisher gesehen habe. Lyrisch, verhalten... die Suche der Verdammten nach Erlösung durch die Treue einer Frau. Er folgt Wagners Ratschlägen, zeichnet Charaktere glasklar, die Emotionen und Ambitionen einer jeden Figur sind aus der Darstellung heraus ablesbar.« Und zum Musikalischen: »... er schwelgt mit seinen Berliner Philharmonikern in lukullischem Wohlklang, reizt Lyrisches bis ins Extreme aus, erzählt musikalisch die Holländer-Story: dramatisch, schwungvoll, zakkig, mit aller Freude am aufdringlich Banalen und ausladendem Genuß an Wagners Flirt mit dem Belcanto.«

Im »Münchner Merkur« hingegen lobt Michael Müller zwar die »herrlichen Berliner Philharmoniker« als »anbetungswürdig«, ebenso wie »Karajans Klang-Regie, seine Kunst, dem Orchester solch einen seidigen und doch saftigen Ton abzugewinnen...«. Aber die Überschrift lautet: »Wieder eine gedankenlose Karajan-Regie«.

Wie sagt der Wiener? »Kann man halt nix machn.«

Karajan jedenfalls steht auf dem Standpunkt, den er in einem »Die Welt«-Interview 1981 auf die Frage von Klaus Geitel »Was halten Sie von den neuen Formen der Opernregie?« so formulierte: »Wissen Sie, es gibt so ein modernes Schlagwort, das heißt ›ansiedeln‹. ›Wo siedeln Sie Ihre Inszenierung an?‹ hat man mich kürzlich gefragt. ›Ich siedele sie in der Musik an‹, habe ich geantwortet, ›denn dort kommt sie her.‹

Was jetzt neuerdings gemacht wird, hat aber mit der Musik nicht mehr das geringste zu tun. Sie brauchen ja nur die Kritiken zu lesen, da steht oft gar nichts mehr über Musik. Wir sind in dieser Beziehung auf einen kurzen, aber nicht sehr positiven Abweg geraten. In zehn Jahren schlägt das Pendel sicher zurück: dahin, daß es zunächst einmal wieder auf die Gestaltung der musikalischen Partien ankommt.

Ob ich ein geschlachtetes Kalb aufhänge oder mit einem halb auseinandergesägten Trambahnwagen hereinkomme – das sind doch Gags, die nichts mit dem Werk zu tun haben. Wenn ich ›Rheingold‹ inszeniere, und ich bin nicht imstande, es auf dem Grunde des Rheins spielen zu lassen, lasse ich die Finger davon.

Aber ich spiel's doch nicht in einem Kanal, der durch das Ruhrgebiet fließt. Das ist doch kindisch.«

Ähnlich hatte sich Karajan schon einmal zu Bayreuth geäußert, als er 1952 das zweite Mal dort wirkte. Er empfahl damals Wieland Wagner, für dessen »Tristan«-Neuinszenierung doch eine andere, eine passende Musik zu suchen – woraufhin das Verhältnis Karajans zu Bayreuth bzw. zu Wieland Wagner so abkühlte, daß es in beiderseitiger Übereinstimmung ein Ende fand. Ein Ende, das schließlich zu Karajans eigenen Wagner-Festspielen in der Osterzeit im Salzburger Festspielhaus führte. Dort konnte »Wotan« Karajan die Werke des großen Sachsen so aufführen, wie er sie nachempfand. Und keiner, gar keiner konnte ihm hineinreden. Karajan sein eigener Wagner – wie es dazu kam, wird noch zu erzählen sein. Die Geschichte ist spannend.

Der als Regisseur oftmals »verrissene« Maestro hat jedenfalls schlagend bewiesen, daß man bei Wagners Werken durchaus ohne an den Haaren herbeigezogene »moderne« Deutung auskommen kann.

Und dann gibt es bei den Salzburger Festspielen 1982 noch die Wiederaufnahme der Verdi-Oper »Falstaff« vom letzten Sommer, jenem letzten komisch-dramatischen Alterswerk des großen Italieners. Erschütternd zu sehen, wie Karajan seine Gehbehinderung mit unverminderter Willenskraft bezwingt, wenn er durch die Orchesterreihen zum Dirigentenpodium geht (ein Pult ist ja da niemals – denn er hat zeit seines Lebens immer auswendig dirigiert), wie er sowohl Akte als auch Pausen wie angenagelt durchsteht, wie er die kleinsten Nuancen mit den Fingerspitzen herauswinkt und mit welcher Unaufdringlichkeit er die Szenen als Regisseur zur Spielfreude der Darsteller wie Giuseppe Taddei (Falstaff), Rolando Panarei (Ford), Francisco Araiza (Fenton), Raina Kabaiwanska (Mrs. Ford), Janet Perry (Nanetta), Christa Ludwig (Mrs. Quickly), Trudeliese Schmidt (Mrs. Page) und aller Mitwirkenden gelenkt hat.

Einen anderen Triumph konnte Karajan schließlich noch buchen: Am 14. Juli 1982 gewann er mit seiner Yacht »Helisara VI« (Karajan: »Ein Maxi von 23 Meter Länge, der Mast ist 30 Meter hoch, Segelfläche 500 qm«) zum zweiten Mal die berühmte Giraglia- Regatta von Toulon nach San Remo im Mittelmeer. Er führte das Ruder. Sein Vorsprung vor dem zweiten: über fünf Stunden! Karajan, der Musiker, der Macher, der Organisator im großen Stil, der Manager, der Übermensch!

Ist er das? Ein Phänomen allemal. Sein Geheimnis: bis zum äußersten gehende Disziplin und ständig mit eiserner Energie geführter Kampf gegen jede Art von Faulheit oder Trägheit.

»Von ›Wunder‹ kann gar keine Rede sein«, meint Herbert von Karajan über sich selbst – ein Zeichen seiner persönlichen Bescheidenheit, von der auch noch zu reden sein wird.

Perfektion, danach strebt er unablässig. Deshalb bewundert er Rennfahrer, Niki Lauda zum Beispiel. Und er erklärt auch gleich (in einem »Spiegel«-Interview tat er das): »Schauen Sie, man hat mir oft vorgeworfen, daß ich gern schnelle Sportwagen fahre. Aber mir geht es nicht um die Raserei. Mich faszinieren diese perfekten Dinge, die der menschliche Geist produziert. Wenn ich so ein Ding in Händen habe und damit zur Konzertprobe fahre, dann teilt sich mir dieses Streben nach Perfektion mit, und ich sage mir: Du darfst deine Sache ja nicht schlechter machen als derjenige, der so ein wunderbar funktionierendes Auto hergestellt hat.«

Und im französischen »Figaro«-Magazin plauderte Karajan über das gleiche Thema: »Mit einem schnellen Auto auf kurvenreicher Straße fahren, das bedeutet, den Rhythmus von Motorkraft und Strecke zu erfahren, zu spüren. Das ist das gleiche wie in der Musik, Rhythmus ist alles. Danach strebe ich…«

Es fasziniert ihn, daß die Technik immer vollkommener wird, daß seine Musik, sein Musizieren, Millionen von Menschen glücklich (er meint auch: »besser«!) machen kann. So erzählt er strahlend mit leuchtenden eisblauen Augen wie ein Kind, dem man ein wunderschönes Geburtstagsgeschenk gemacht hat: »Als ich im Oktober 1979 in China gastierte, wurden unsere Konzerte im Fernsehen übertragen. Danach gratulierte mir ein chinesischer Funktionär: ›Sie haben vor 180 Millionen Zuschauern gespielt!‹ Da habe ich mir ausgerechnet, daß ich ohne TV zwei Menschengenerationen lang Tag für Tag immer dasselbe Konzert dirigieren müßte, um alle zu erreichen, die mich hören wollen.«

Rhythmus, Perfektion, Musik für Millionen – danach strebt Herbert von Karajan, alt geworden und jung geblieben.

Danach hat er von Anfang an in seinem Leben gestrebt. Und er hat es erreicht – vor allem mit jenem Instrument, das er zu dem unbestritten besten Orchester der Welt erzogen hat, dem Berliner Philharmonischen Orchester, das am 1. Mai in eben diesem Jahr 1982 seinen 100. Geburtstag feierte. Und für das er 50 Schallplatten mit seinen und der Berliner Philharmoniker besten Aufnahmen aus dem gesamten Repertoire auswählte. Für die Cover und als Einlage zu jeder dieser Platten steuert Eliette von Karajan, seine Frau, die Reproduktion eines ihrer impressionistischen Gemälde bei, die Frau, mit der er am 6. Oktober 1982 Silberhochzeit feierte.

1982, das war für Karajan ein Feierjahr, obgleich ihm das Feiern in der Öffentlichkeit durchaus widerstrebt (auf Empfängen läßt er sich, wenn überhaupt, meist nur kurz sehen – das war schon in der Zeit seines ersten Engagements 1929 in Ulm so).

In der Folge sollten sich in das philharmonische Leben »auf Lebenszeit« allerdings Mißklänge einschleichen, Mißklänge nicht im Konzertsaal, sondern dahinter. Im vorhergehenden Kapitel sind ein paar davon geschildert.

Aber: Wie wurde Karajan eigentlich Karajan?

3. Kapitel

Der Kleine

Wenn der kleine Mann mit der sorgfältig hochgebürsteten Frisur und den widerborstig abstehenden Haarsträhnen durch eine schmale Tür das Podium betritt, entlädt sich eine fast unheimliche Spannung beim Publikum in auftosendem Beifall. Dreht er sich dann nach kurzer Verbeugung zu seinem Orchester um, steigert sich diese Spannung sofort wieder bis zur Atemlosigkeit, bis zum ersten Einsatz, bis zum Erleben des Musikwerkes, das gerade auf dem Programm steht. So ist das immer, wenn Herbert von Karajan dirigiert – ob es in Berlin, Wien, Salzburg, auf Deutschland-Tournee in Hamburg, München oder Frankfurt ist, ob auf Weltreise in Tokio, Moskau, New York oder Peking. Eine Faszination, die unerklärlich ist, geht von ihm aus. Ihr können sich selbst seine ärgsten Feinde kaum entziehen.

Woher kommt das? Wo kommt er her?

Vor dem Versuch, die erste Frage zu beantworten, steht die Antwort auf die zweite: Er kommt aus Salzburg.

Salzburg – was fällt einem dabei ein? Mozartkugeln, Festspiele, Schnürlregen, Touristenrummel. Gut, doch als Heribert von Karajan am Sonntag, dem 5. April 1908, abends um 23 Uhr im Sternzeichen des »Widder« zur Welt kam, gab's das alles noch nicht. Nur den Schnürlregen und Mozarts Geburtshaus, die gab's schon. Und seit 1880 das »Mozarteum«, eine Musik-Akademie mit einem Orchester. Ach so, und weil Mozarts Geist in Salzburg wehte, hatte der Papa von Karajan seinem ersten Sohn, der am 21. Juli 1906 geboren wurde, den Vornamen Wolfgang gegeben – denn 1906 war das Jahr der 150. Geburtstagsfeier des Wolfgang Amadeus. Heribert war der zweite Sohn. Das sollte Folgen haben...

Musik prägte die Stadt, Musik auch das Haus der von Karajans, deren unmusikalische Stammväter zu Mozarts Zeiten aber noch gar nicht in Salzburg lebten, sondern gerade erst mal nach Sachsen gezogen waren.

Herbert von Karajan bekennt das lachend: »Ja, ich bin ein halber Sachse! Ich kann zwar nicht Sächsisch, aber ich liebe die sächsischen Witze besonders.« Und er hat auch gleich einen auf Lager: »Da war doch der Arthur Nikisch, von dem man sagte, er sei ein ›faszinierender Dirigent‹ (Anm.: Nikisch war Chef des Berliner Philharmonischen Orchesters und gleichzeitig Chef des Gewandhausorchesters Leipzig). Der dirigierte also ein Konzert in Leipzig. Sitzt ein sächsisches Ehepaar im Gewandhaus. Kurz bevor es losgeht, klopft der Mann seiner Frau auf die Schulter und flüstert: ›Du, saach mir, wenn er zu faszinieren anfängt!‹« Und Karajan lacht sich scheckig, soweit ihm das seine Disziplin vor der ZDF-Kamera erlaubt.

In Sachsen nun geschah's. Da wurden die Stammväter »Ritter von«. Der Kurfürst Friedrich August III. von Sachsen verlieh am 1. Juni 1792 dem mazedonischen Griechen Georg Johann Karajannis (»Kara« – aus dem Türkischen – heißt »schwarz« und Jannis »Hans« = Schwarzer Hans) und seinem Bruder Theodor Johann in Chemnitz das Adelsprädikat »Ritter des Heiligen Römischen Reiches Deutscher Nation«, und zwar »samt aller ehelichen Leibeserben und derselben Erbeserben«. Aber nicht aus musikalischen Gründen.

Ururgroßvater Georg Johann und sein Bruder Theodor kamen aus dem kleinen Ort Kozáni mitten im nordgriechisch-mazedonischen Gebirge. (Heute findet man die Stadt Kozáni an der Autostraße E 90, 465 Straßenkilometer nördlich von Athen und 85 Kilometer von der jugoslawischen Grenze entfernt). Sie nannten sich von nun an »von Karajan«. Ihre Verdienste, die ihnen den Ritterschlag eintrugen, waren vor allem ertragreich für Sachsen. Denn die Karajannis' hatten mit Türkisch-Garn und Kattun die sächsische Textilindustrie entscheidend belebt. Und das belohnte der auf wirtschaftlichen Aufschwung in seinem Lande bedachte Kurfürst mit einem ehrenden Titel, der ihn nichts kostete als das Pergament für die Urkunde.

Nachdem Georg Johann auch noch ein preußisch-hohenzollernsches »Reichsritter von« dazubekommen hatte, überließ er seinem Bruder die sächsischen Geschäfte, zog nach Wien und starb dort im Jahre 1813. Seine Nachkommen wurden nunmehr Österreicher – aber immer noch keine Musiker.

Urgroßvater Theodor Georg von Karajan zum Beispiel machte sich als Wissenschaftler, als Geschichts- und Sprachforscher, als Professor an der Wiener Universität einen Namen, den man noch heute im 20. Bezirk von Wien (Brigittenau) finden kann: in der »Karajangasse«. Er war auch Kustos der Kaiserlichen Hofbibliothek, Präsident der Kaiserlichen Akademie der Wissenschaften in Wien und 1848/49 Mitglied der Konstituierenden Nationalversammlung in Frankfurt am Main. Beinahe wäre er sogar Dekan der Wiener Universität geworden. Das hintertrieb jedoch der Unterrichtsminister Graf Thun. Grund: Der Professor von Karajan war in seiner Religion »griechisch-orthodox«.

Da schmiß Urgroßvater Theodor Georg von Karajan 1851 die ganze Professur und alle Ämter weg: So nicht, meine Herren, nicht mit mir! Reaktionen, wie sie im Urenkel Herbert wieder wach werden sollten (»Ich bin nicht zum Gehorchen geboren!«).

Allerdings bekam er 18 Jahre später wegen seiner wissenschaftlichen Verdienste und wegen »seiner bei jeder Gelegenheit werktätig an den Tag gelegten Treue und Anhänglichkeit an das österreichische Kaiserhaus« das Ritterkreuz des Leopold-Ordens und wurde österreichischer »Ritter«.

Er soll neben seiner sprach- und geschichtsforschenden Tätigkeit die Musik heiß geliebt haben. Ein Dilettant, ein Liebhaber, der nicht Musik ausübte, aber leidenschaftlich gern zuhörte – also doch schon ein Ansatzpunkt, der zum Gipfel Herbert von Karajan führt?

Urgroßvater Theodor Georg hatte zwei Söhne: Maximilian und Ludwig Maria. Damit sie keine Schwierigkeiten wie er bekämen, ließ er sie römisch-katholisch taufen. Maximilian wurde Professor der klassischen Philologie in Graz. Ludwig Maria von Karajan studierte Medizin in Wien, machte seinen Doktor und, so erzählt es Herbert von Karajan: »Mein Großvater hat sich als Arzt sehr verdient gemacht – er war eigentlich als Inspekteur verantwortlich für das gesamte österreichische Gesundheitswesen.« Der Schweizer Autor Robert C. Bachmann umreißt genauer: »Er wirkte als Statthaltereirat und Sanitätsreferent für Niederösterreich und starb 1906.«

Der älteste Sohn Ludwig Marias hieß Ernst. Er wollte am liebsten Schauspieler werden. Aber sein Vater meinte, etwas Praktisches sei besser. Und so studierte Ernst von Karajan ebenfalls Medizin. Dann zog er nach Salzburg, heiratete 1905 die 13 Jahre jüngere Martha Kosmač aus der Slowakei und machte Karriere als Chirurg, Chefarzt (Primararzt nannte man das) des St.-Johann-Spitals, später als Direktor der Landeskrankenanstalten und Landessanitätsreferent. Daneben spielte er – und von da an wird's nun endlich richtig musikalisch – zu seiner Entspannung im Mozarteum-Orchester zweite Klarinette, wann immer es ihm seine Zeit erlaubte, oder er ging hinüber ins Stadttheater, schob den Klarinettisten beiseite, der sich über den freien Abend freute, und blies die Vorstellung zu seiner eigenen Freude durch. Denn sonst war seine Spezialität nämlich das Operieren von Kröpfen – und die wuchsen im Lande zuhauf.

Das Domizil der Karajans in Salzburg, Josef-Friedrich-Hummel-Straße 1 im ersten Stock, gegenüber dem Hotel »Österreichischer Hof« war vornehm, biedermeierlich. Hier herrschte Ordnung von oben nach unten.

Ganz unten war der Heribert (das »i« aus seinem Vornamen ließ er erst nach dem Ersten Weltkrieg weg, als in Österreich auch das »von« offiziell abgeschafft wurde. Das »Herbert von« legte er sich später wieder zu. Seine Begründung: »Das war ja kein österreichischer Adel, sondern ein sächsischer...«).

Über Herbert rangierte sein zwei Jahre älterer Bruder Wolfgang – als Erstgeborener in der Vorzugsstellung »Der Sohn« –, darüber die alles liebende Mutter, Frau Martha. »Als Vorsteherin eines Waisenhauses für die ganze Welt wäre sie wunderbar gewesen«, hat Herbert von Karajan sie viel später einmal selbst charakterisiert. »Sie war voll rührender Aufopferung für alles, für jeden Menschen. Dafür wollte sie freilich das Gefühl haben, daß man sie braucht«, zitiert ihn Biograph Ernst Haeusserman in seinem Buch »Herbert von Karajan«.

Die beiden Brüder waren im Temperament grundverschieden. Wolfgang, »der Sohn«, fröhlich, heiter, zu Streichen aufgelegt; Heribert »der Kleine«, ernst, scheu, strebsam, wortkarg.

»Ich hing sehr an meinem Bruder Wolfgang«, erzählt Herbert von Karajan, »und ich wollte alles können, was er gelernt hat. Ich habe auch immer das gegessen, was er gegessen hat. Und alles, was er gehabt hat, wollte ich gerne auch haben. Als ich dreieinhalb Jahre alt war, hat mein Bruder Klavierstunden bekommen. Ich wollte auch welche haben. Aber ich war für alles immer zu klein, zu schwach oder so was. Mir sagte man: ›Nein, du bist noch zu klein, du kannst noch nicht.‹ Und da habe ich mich unters Klavier gesetzt und zugehört, was ihm gesagt wurde. Und danach hab' ich versucht, es nachzuspielen.«

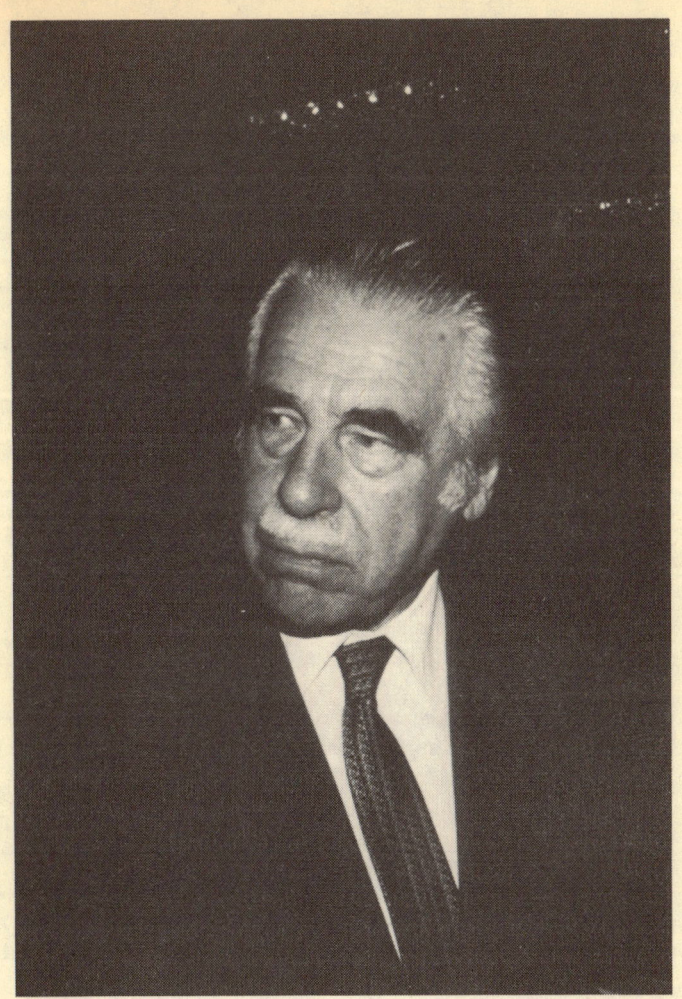

Wolfgang von Karajan   (Foto: Rudolf Oscar)

Schließlich setzte sich »der Kleine« durch, denn die Eltern merkten irgendwie, daß da ein Talent war und ein Ehrgeiz. Heribert bekam also auch Klavierstunden. In fünf Wochen hatte er seinen älteren Bruder »eingeholt«. Der ließ dann das Klavierspielen sein und griff zur Geige...

Bruder Wolfgang wurde später ein angesehener Konstrukteur von Elektrokardiographen, aber auch von transportablen Orgeln, auf denen er und seine Frau Hedy – einst eine angesehene Pianistin – alte Werke spielen. Damit machen sie Konzertreisen. Wolfgang sieht im Jahre 1977 wesentlich jünger aus als sein Bruder, der Berühmte. Das freut ihn, besonders wenn ihm zu Ohren kommt, daß in Luzern, wo er mit seiner Frau gastierte und zwei Tage vorher sein Bruder dirigiert hatte, ein Musikmanager bei Herbert von Karajan anrief und sagte: »Maestro, ich habe auch Ihre Kinder angehört, die spielen ja wunderbar auf zwei Orgeln!« »Wissen Sie«, lacht Wolfgang von Karajan dazu lausbübisch, »wenn Sie meinen Bruder kennen würden, dann begriffen Sie, was das für ihn bedeutet hat. Das muß ganz furchtbar für ihn gewesen sein.« Aber er sagt auch: »Herbert war immer so. Schon als Bub wollte er immer der Erste sein.«

Er wurde es. Mit viereinhalb Jahren gab er sein Debüt in einem Wohltätigkeitskonzert. Das fand in Morzg statt (der Vorort liegt südlich von Salzburg auf der Strecke nach Anif, wo Karajan heute wohnt), und zwar in einem Restaurantsaal. Weil er so klein war, baute man ihm Klötze auf die Pedale und hob ihn auf den Stuhl. Er spielte ein Rondo vom Mozart.

»Hinterher hat man gesagt, ich sei ein Wunderkind«, weiß Herbert von Karajan noch, »aber mich hat das gar nicht beeindruckt.« Im Jahr darauf konzertierte er wieder öffentlich. Aber auch bei den späteren Konzerten schätzte er als Kind die seiner Meinung nach »dumme« Klatscherei nicht. Dagegen war er sehr stolz, wenn er als Anerkennung seiner Leistung beim nachfolgenden Abendessen am Tisch der Erwachsenen sitzen durfte.

Dann brach der Erste Weltkrieg aus. Zuvor hatte der sechsjährige Heribert die Schüsse von Sarajevo zwar nicht gehört, aber er war in ihrer Nähe. Mit Mutter und Bruder verbrachte er die Ferien auf einer kleinen Insel gegenüber von Fažana und der Insel Brioni (heute Jugoslawien). Vater von Karajan schickte einen Onkel der Kinder hinunter, um die Familie heimzuholen.

Heribert spürte den Ernst der Situation unbewußt, als vier Kriegsschiffe mit auf halbmast gesetzten schwarzen Fahnen durch den Kanal von Fažana fuhren – in Richtung Triest. Es war der Trauerkonvoi mit den Särgen des ermordeten österreichischen Thronfolgerpaares Erzherzog Franz Ferdinand und seiner Gemahlin Sophie, Herzogin von Hohenberg. Die Schiffe zogen direkt vor dem Hotel vorbei, und Heriberts Onkel sagte zur Mutter: »Paß auf, jetzt gibt's Krieg.« Darunter konnte sich der Kleine zwar nichts vorstellen. Aber er bekam »ein ganz unheimliches Gefühl«. Er spürte die Angst der Erwachsenen mit der ihm eigenen Sensibilität.

Noch drangen die Wellen des Krieges nicht nach Salzburg. Dort hatte er als kleiner Bub mal ins Theater gehen dürfen: Von den »Meistersingern« ließ man ihn die Ouvertüre und das Aufgehen des Vorhangs sehen. Mehr nicht. Er war ja noch so klein. Und jetzt, in der Spielzeit 1914/15, gastierte das Würzburger Stadttheater mit Wagners »Die Walküre« in Salzburg. Da durfte er schon länger bleiben: zwei Akte lang.

Wagners Opern, das waren die ersten Kindheitseindrücke. Wagners Opern sollten ihn sein ganzes Leben begleiten. Mit Wagner-Opern begründete er seine eigenen, ganz persönlichen Festspiele, die Osterfestspiele in Salzburg, die er 1967 mit der »Walküre« eröffnete.

Zunächst aber stirbt nach 68jähriger Regentschaft der österreichische Kaiser Franz Joseph am 21. November 1916, der Herrscher mit dem Backenbart, den der ganz kleine Heribert auch einmal gesehen hat, zu Kaisers Geburtstag, und der zum eindrucksvollen Erleben gehört, an das sich Herbert im hohen Alter noch lebendig erinnert: »Ich empfand ihn gar nicht als Menschen.« Was sich vermutlich ebenso von den Erwachsenen mit ihrem Jubelgeschrei auf den Kleinen übertragen hat wie das unheimliche Wort »Krieg«.

Zwei Monate später, am 27. Januar 1917 – der neunjährige Heribert ist Schüler am Mozarteum geworden, er lernt bei Prof. Franz Ledwinka Klavier –, spielt er im Rahmen eines Mozarteum-Konzerts zur Feier des 161. Geburtstags von Mozart. Die Kritik von K. L. in einer Salzburger Zeitung beschreibt es fast plastisch:

Nach der Eröffnung durch den ersten Satz der heiteren und anmutsvollen Symphonie Nr. 29 las Valerie Koller zwei Briefe des Musikers Schachtner vor, der im Elternhaus Mozarts viel verkehrt hatte und der in treuherziger Anschaulichkeit Szenen aus der sonnigen Kindheit Wolfgang Mozarts niederschrieb. Wie eine Illustration zu diesen Briefen erschien das Auftreten des Knaben Heribert von Karajan, der in Ruhe und Sicherheit, der Abgründe und Gefahren unbewußt, die Fantasie d-Moll für Klavier anmutig bewegt aus dem Gedächtnis vortrug.

Aus dem Gedächtnis, die Musik von innen sehen, nicht die Noten – später wird das die Maxime des Dirigenten Herbert von Karajan sein.

Die andere Maxime aber, vor allem anderen: Der Erste sein! Auf welche Weise auch immer. Blenden wir zurück: Neben dem Mozarteum war ja da noch die Schule zu absolvieren. Und es blieb auch noch Zeit neben dem Gymnasium für Sport, Bergsteigen, Skilaufen und – Fußball. Beide Brüder waren im Salzburger Athletic-Club und kickten dort.

Wolfgang erinnert sich: »Der kleine Herbert hatte damals den unerhört wichtigen Posten des Tormannes. Ich war nur sein rechter Verteidiger. Wenn Herbert nach dem Ball hechtete, war das immer eine große Schau!« Aber wenn Herbert den Schuß hielt, war er die Nummer Eins auf dem Platz!

Die Erziehung der Karajan-Kinder war hart. Man nannte das früher spartanisch. Hart – nicht in Entbehrungen, aber im Aushaltenkönnen. Da war die Geschichte, wie Heribert mit Kameraden am Mönchsberg kraxelt. Der Zwölfjährige stürzt dabei zehn Meter tief im fast freien Fall. Er bleibt eine Weile bewußtlos liegen. Die Kameraden stehen ratlos um ihn herum. Als er wieder aufwacht und zu sich gekommen ist, wird er von ihnen nach Hause gebracht – zu Fuß natürlich. Der Vater untersucht ihn. Er tut's wohl flüchtig, sagt weiter nichts, kümmert sich nicht darum, ob der Junge Schmerzen hat. Na und das war's.

Heute verzieht sich Herbert von Karajans Gesicht bei der Erinnerung an den Sturz zu einem Lächeln, nicht locker, nicht weise, eher wissend. Nach der schweren Bandscheibenoperation im September 1976 in Zürich sagt er: »Mit der Bandscheibe hab'ich's seit damals, seit 1920, seit dem Absturz. Schmerzen habe ich gelernt zu überwinden. Ich habe sie eigentlich immer gehabt, mein ganzes Leben lang.«

Herbert wollte Konzertpianist werden. Aber der Vater hätte es gern gesehen, wenn er einen soliden Beruf ergriffen hätte, zum

Beispiel Ingenieur. Talent und Interesse für Technik waren ja vorhanden. Also machte Heribert seine Abitur-Arbeit (in Österreich heißt das »Matura«) über das Thema »Thermodynamik und Explosionsmotoren«. Danach wollte er, so behauptet es Bruder Wolfgang, alle Autos mit grundlegend neuen Motoren ausrüsten. Aber er war während seiner ganzen Schulzeit ja auch weiter aufs Mozarteum gegangen. Dort studierte er neben Klavier bei Prof. Ledwinka Formenlehre und Harmonielehre bei Prof. Franz Sauer, sowie Komposition und Kammermusik bei Prof. Bernhard Paumgartner, der 1917 Direktor des Mozarteums geworden war.

Paumgartner, ein sehr groß gewachsener Mann von imponierender Persönlichkeit, war 21 Jahre älter als Herbert von Karajan, geboren am 11. November 1887 in Wien. Sein Vater war ein bekannter und geachteter Musikschriftsteller, Komponist und auch Kritiker. Seine Mutter, Rosa Papier, war zu ihrer Zeit eine berühmte Kammersängerin an der Kaiserlich-Königlichen Hofoper in Wien.

Der Knabe Bernhard hatte noch erlebt, wie Bruckner seine, Paumgartners, Eltern besuchte, statt Blumen ein Kilo G'selchtes mitbrachte, den Vater – der Nepomuk hieß – mit »Muckerl« anredete, der hinwiederum zu Bruckner »Tonerl« sagte. Und bei der Trauerfeier für den toten Anton Bruckner sah er, wie sich hinter einer Säule der andere Freund der Paumgartner-Familie, Johannes Brahms, versteckte – er, der so viel Gehässiges über Bruckner gesagt hatte, als der Meister von St. Florian noch lebte – und Brahms weinte, die Tränen liefen ihm in seinen langen Bart...

Dieser Bernhard Paumgartner war ein Freund der Familie Karajan geworden, und zwar über die Hausmusik, die im Hause des Klarinette spielenden Chirurgen sehr gepflegt wurde. Paumgartner spielte dabei Bratsche und Horn, die Kinder Wolfgang und Heribert saßen am Klavier. Oder Wolfgang spielte auch Geige.

Aber es war nicht nur die Hausmusik, durch die sich der kleine von Karajan zu dem großen Bernhard Paumgartner hingezogen fühlte – es war auch dessen Motorrad! Der ältere Freund hatte es aus dem Krieg mitgebracht und benutzte es mit Leidenschaft. Außerdem stellte er auf der Strecke Salzburg–Wien mit dem Auto einen Geschwindigkeitsrekord auf (Autobahn gab's damals noch keine). Natürlich reizte das den ehrgeizigen Herbert. Bereits mit 17 raste er auf Paumgartners Motorrad auf kurvenreichen Strecken durchs Salzkammergut.

Motoren, Technik, Geschwindigkeit – nicht Hetzerei, der große Mozart-Interpret und Grandseigneur der Musik Bernhard Paumgartner vermittelte als erster dem jungen Herbert die Verbindung zwischen Musikantentum und Perfektion von Maschinen.

Er tat noch mehr. Er nahm den Herbert mit auf Kunstreisen nach Italien, er zeigte ihm Gemälde und Statuen, er machte ihn mit den berühmten italienischen Meisterwerken der bildenden Kunst bekannt. Er weckte in ihm die Liebe zu Italien, die er sein ganzes Leben lang nicht mehr verloren hat, die ihm wie keinem Deutschsprachigen vor ihm und nach ihm das innerste Wesen italienischer Opernmusik erschlossen hat – die Italianitá von Verdi und Puccini, die Karajan in seinen Interpretationen in einer Synthese aus Toscanini und Furtwängler (von der noch zu reden sein wird) wiederzugeben vermag wie kaum ein anderer, sie hat hier ihren Ursprung.

Bernhard Paumgartner war es auch, der dem angehenden Konzertpianisten riet, das Klavierspielen aufzugeben. Herbert litt an einem schwachen Mittelfinger der linken Hand, der sich ab und zu durch Sehnenscheidenentzündungen wehrte und schmerzhaft streikte. Paumgartner aber erfühlte noch mehr: »Was du musikalisch willst«, sagte er ihm, »kannst du auf dem Klavier gar nicht umsetzen, Herbert. Du wirst kein Klavierspieler, du wirst ein Dirigent.«

Dasselbe sagte 1928 auch Professor Hofmann, Herberts Klavierlehrer an der Musikhochschule in Wien: »Ihr ganzes Hören von Musik ist so geartet, daß Sie mit diesem Instrument nie zufrieden sein werden. Sie müßten sechs oder acht Hände haben, um das herauszubringen, was Sie wollen. Meiner Meinung nach sind Sie zum Dirigieren geboren.«

Damit waren die Weichen gestellt. Und Paumgartner, der 1971 starb, erinnerte sich 1967 als 80jähriger: »Er war eine ganz große Naturbegabung..., ein Teil seiner Dirigierkunst«, so erzählte Paumgartner dem Karajan-Biographen Ernst Haeusserman, »hat sich bei ihm aus dem Sport entwickelt – die Bewegung, die Freiheit der Bewegung, die Gelöstheit. Bei ihm ergaben sich die Bewegungen ganz von selbst, sagen wir – aus einer Gedankenfunktion, die dann, ohne daß man es spürt, ins Körperliche übergeht. Bei Herbert ist eben alles, was er tut, musikalisch.«

Die Reifeprüfung am Mozarteum fand am 11. Juni 1927 statt. Herbert war 19 Jahre alt. Er bestand »mit Auszeichnung«: In den

Fächern Klavier, Formenlehre, Instrumentenkunde und Harmonielehre bekam er die Zensur »sehr gut«, in Musikgeschichte »gut«.

Inzwischen hat sich Herbert an der Technischen Hochschule in Wien eingeschrieben und absolviert dort eineinhalb Semester. Er wohnt mit seinem Bruder Wolfgang zusammen, der auch an dieser Hochschule studiert. »Mein Bruder hat die Begabung für technische, mathematische, astronomische Dinge gehabt – ich in gewisser Hinsicht auch, aber ich war kein guter Mathematiker. Mein großes Interesse galt allem, was sich damals im Hinblick auf die Technisierung abzeichnete. Damals begann ja die stürmische Entwicklung unserer technischen Welt«, erinnert sich Karajan in der Haeusserman-Biographie.

Nein, nach den eineinhalb Semestern (wobei Karajan selbst auch manchmal von zwei oder drei Semestern redet – so genau nimmt er's nicht), nach dieser kurzen Studienzeit an der Technischen Hochschule jedenfalls ist er sich sicher: Das Technikstudium ist nichts für ihn. Er wechselt an die Hochschule für Musik über. Dort leitet Professor Alexander Wunderer die Dirigentenklasse.

Herbert stürzt sich mit Feuereifer in das Partiturenstudium. Dem Wolfgang wird das aber bald zuviel: »Der Herbert liebte ja schon immer das Voluminöse. Schaun's, wir hatten auf unserer Studentenbude ein Piano, darauf drosch Herbert die Opern derart durch, daß ich ausgezogen bin. Besonders bei Wagner war das unerträglich.« (aus »Leute«, 8/77).

Da die Wiener Musikakademie kein ständiges eigenes Orchester hatte, mit dem man das Gelernte ausprobieren konnte, mußten sich die Studenten selber helfen. Sie pflegten sich vor Opernaufführungen in einer Kommilitonenwohnung zu treffen. Da wurde das Stück durchgenommen. Einer spielte, die anderen sangen alle Partien und dirigierten abwechselnd dieses »Ensemble«. Dann ging's in die Staatsoper auf die Stehplätze.

Herbert von Karajan genoß dort ein gewisses Privileg. Denn sein Onkel Emanuel Ritter von Karajan war »wirklicher Hofrat«, Gebäudeverwalter und Hausinspektor der »Kaiserlichen Hofburg« und damit auch der Staatsoper. Später wurde er sogar Burghauptmann. Onkel Emanuel nun ließ den Neffen aus Salzburg in Vorstellungen, ermöglichte ihm, an geschlossenen Proben berühmter Dirigenten teilzunehmen (einer der ersten, die unauslöschliche Eindrücke auf den Studenten Herbert von Karajan machten, war

Hans Knappertsbusch, dann auch Clemens Krauss, Richard Strauss, Felix Weingartner, Operndirektor Franz Schalk, Wilhelm Furtwängler, Robert Heger).

Einerseits also das Werke-Studium am Klavier, dann die Probenbesuche und Vorstellungen, dann wieder ans Klavier, um zu sehen, was der da wo und wie gemacht hatte – ein gewiß umständliches Verfahren. »Aber«, so Karajan, »da haben wir das ganze Repertoire so gründlich gelernt, wie es heute kaum einer mehr schafft, auch kaum mehr schaffen kann.«

Zum Selberdirigieren kamen sie allerdings nur wenig. Karajan schätzt, daß er während seines ganzen Studiums an der Musikhochschule höchstens insgesamt 40 Minuten, aufs Jahr verteilt, vor einem Orchester gestanden und dirigiert hat.

Am 17. Dezember 1928 fand ein Konzert der Hochschule für Musik statt, in dem die Schüler der Klasse Wunderer dirigieren durften, um unter Beweis zu stellen, was sie in der kurzen Zeit gelernt hatten. Karajan kalkulierte haarscharf: Das einzige reine Orchesterstück – alles andere war Begleitung von Solisten – auf dem Programm, die Ouvertüre zur Oper »Wilhelm Tell« von Gioacchino Rossini, das mußte er haben, zumal es außerdem den Abschluß des ganzen Konzertes bildete. »Ich habe mir in den Kopf gesetzt, das Stück zu bekommen. Und ich hab's auch bekommen«, erinnert er sich triumphierend.

Jetzt wußte Karajan, wie das sein würde: Dirigent sein. Und jetzt wollte er ran. In Wien gab's keine Chance. Aber in Salzburg!

Er redet mit seinem Freund Bernhard Paumgartner, der seit 1917 Direktor des Salzburger Mozarteums ist. Der verspricht ihm, das Orchester der Akademie für ein Konzert in seiner Heimatstadt zur Verfügung zu stellen. Der Vater macht seine Patienten mobil, Bekannte und Freunde werden gebeten, Karten zu kaufen und zu verkaufen. Auch Karajan selbst kümmert sich darum. Der Landeshauptmann bekommt Ehrenkarten.

Am 22. Januar 1929 findet das Konzert statt. Auf dem Programm: Tschaikowskys 5. Symphonie, das Klavierkonzert A-Dur, KV. 488, von Mozart mit der Pianistin Yella Pessl und die Tondichtung »Don Juan« von Richard Strauss. Für einen 20jährigen mit knapp einer dreiviertel Stunde Praxis ein ziemlich anspruchsvoller Happen. Aber auch hier spürt man schon den kommenden Karajan: Die Konzertfolge ist auf Wirkung ausgerichtet.

Und die bleibt nicht aus. Vom Landeshauptmann bekommt der

jugendliche Dirigent einen Lorbeerkranz, vom Publikum rauschenden Applaus und von der Kritik Anerkennung.
Das »Salzburger Volksblatt« schreibt:

Herr Herbert Karajan hält als angehender Dirigent die Versprechungen, die er als Wunderkind am Klavier gab. Sein erster öffentlicher Schritt auf das Dirigentenpodium, den der an der Wiener Musikhochschule Studierende in einem Dienstag abends im Großen Saal des Mozarteums veranstalteten außerordentlichen Symphoniekonzert machte, zeigt einen starken, gezügelten Dirigentenwillen, der sich durchzusetzen versteht. Musik aus Instinkt und aus Intellektualismus heraus. Diesem Willen liegt ein tektonisches Formgefühl zugrunde, das ja alle Geistesrichtungen unseres Ingenieur-Zeitalters beherrscht. Vertiefung und Verfeinerung werden durch geistige Mittel erreicht, exzessive Temperamentsausbrüche, demagogische Haltung, Schauspieltum sind abgelehnt. Die Konstruktion des Werkes liegt offen da.
Stabführung und Haltung ruhig. Kein Deklamationsdirigent, sondern Führer von suggestiver Kraft. Suggestion einer Überzeugung, die nicht gemacht, sondern erlebt ist. Und vor allem kein jugendlicher Durchbrenner, der sich in unnötigen Gewaltsamkeiten ergeht oder im eigenen Pathos ertrinkt. Beispiele seiner Überlegung: die vorsichtigen Krescendi, das Maßhalten der Mittel, die feinhörige Klangempfindung, die unmerklichen Tempiwechsel, die Zäsuren in den Phrasen, kurz: die ruhige Entschlossenheit in Entwicklung, Gliederung und Durchführung. Der verlebendigten musikalischen Formung kommt die Intelligenz des Mozarteumsorchesters zustatten, das in der Präzision des Zusammenspiels, in der rhythmischen Schwung- und Schlagkraft, in der Akzentuierung der Dynamik und in der Gabe des Erfühlens der Intentionen des Dirigenten in den letzten Jahren große Fortschritte gemacht hat. Tschaikowskys Fünfte Symphonie und Strauss' »Don Juan« lösten zündende Wirkung aus.
Der Abend war, ohne Lokalpatriotismus gesagt, eine kleine überraschende Sensation. Vieles an Auffassung des Dirigenten mag sich im Laufe der Entwicklung ändern, geläuterter, souveräner werden. Auch die Form der Gedankenübermittlung mag Änderungen unterliegen. Maßgebend aber bleibt die Ur-

kraft der Musikalität Karajans und die Intuitivität, mit der er auf das Orchester wirkt. Diese Eigenschaften geben den inneren Beruf zum Kapellmeistertum. Karajan besitzt und benutzt sie aus gesundem Instinkt heraus, und damit wird er sich wahrscheinlich durchsetzen. Nach welcher Richtung hin, ist schwer zu sagen. In der Unverborgenheit durchsichtigen Klarheit der starken Empfindung erinnert er vorläufig an den jungen Clemens Krauss. Aber aufs Nachmachen wird er es gar nicht anlegen. Er geht wahrscheinlich seine eigenen Wege, denn der Jugend gehört die Welt, und der Sohn dirigiert nun einmal den Vater. Besonders, wenn dieser beglückt im Orchester Klarinette bläst.

Diese Salzburger Kritik muß man Wort für Wort sozusagen auf der Zunge zergehen lassen, um zu erfassen, wie ihr Verfasser ins Schwarze getroffen hat, wie er die Grundelemente des Karajanschen Musizierwillens erkannt hat, die bis ins hohe Alter des Maestro dieselben geblieben sind – unverrückt, unbeirrt. Und wie stolz muß Papa Karajan gewesen sein, als er unter der ersten großen öffentlichen Stabführung seines 20jährigen Sohnes musizierte und an seinem Erfolg teilnahm.

Noch eine Wirkung zeigte dieses Konzert: Zufällig saß im Saal der 37jährige Intendant des Stadttheaters Ulm, Erwin Dieterich. Dem gefiel der junge Mann mit den straff zurückgekämmten Haaren. Er machte ihm eine Offerte: »Ich habe an meinem Theater die Stelle eines zweiten, oder sagen wir besser, eines koordinierten Kapellmeisters frei. Unsere Kapellmeister sind gleichrangig. Wollen Sie bei mir probedirigieren?«

Herbert Karajan war zunächst verblüfft: »Gern, aber ich habe noch nie eine Oper dirigiert.«

Und Dieterich meinte: »Gut, dann studieren Sie in Ulm eben eine ein!«

Damit fuhr der Studierende Karajan mit der ratternden Eisenbahn nach Ulm an der Donau ins Schwabenland, probte dort fünf Wochen lang »Die Hochzeit des Figaro« von Mozart und hatte seine Premiere am Samstag, dem 2. März 1929 – über einen Monat, bevor er mit 21 Jahren volljährig wurde.

Am übernächsten Tag konnte man in den Zeitungen lesen, was die Kritiker von diesem Einstieg des jungen Dirigenten aus Österreich hielten.

Die erste Oper seines Lebens – selbst dirigiert in Ulm, Stadttheater, am Samstag, 2. März 1929. So begann Karajans Karriere!

»Schwäbischer Volksbote«, 4. März 1929:

> Leicht aufzuführen ist Mozart nicht. Er verlangt von allen Mitwirkenden schauspielerische Gewandtheit und gründliche gesangliche Durchbildung, von dem Orchester, das nicht groß zu sein braucht, fleißige, flinke und sichere Arbeit, von dem Dirigenten eine feine Einfühlung nicht bloß in die Partitur, sondern auch in den ganzen Geist des Rokoko, dessen Hauch den Spielleiter gestreift haben muß. Die musikalische Leitung hatte Kapellmeister Herbert von Karajan in den Händen. Schon die Wiedergabe der Ouvertüre, in der so viel lebensfrohe Laune, ja Ausgelassenheit steckt, ließ erkennen, daß sich der neue Dirigent gut einzuführen wußte; dieser Eindruck blieb auch während der ganzen Aufführung vorherrschend . . .

»Donauwacht«, 4. März 1929:

> In der Aufführung am Samstag, die eine gute war und nach der zweiten Wiederholung sehr gut sein wird, stellte sich der neue

Kapellmeister Herbert v. Karajan vor. Er hat Temperament und anscheinend die nötige musikalische Befähigung, ein Werk auszuschöpfen. Die Ouvertüre wurde sehr fein herausgebracht, Licht und Schatten ausgezeichnet verteilt. Wenn er vollends an das Orchester und das Orchester an ihn gewöhnt ist, wird noch viel Gutes und Schönes von Karajan zu erwarten sein . . .

»Ulmer Tagblatt«, 4. März 1929:

Eine Überraschung war der neu verpflichtete junge Kapellmeister Herbert von Karajan. Offenbar ein hoffnungsvolles Talent. Mit musikalischer Hingabe, musikalischer Gestaltungskraft ausgestattet, besonders in der Agogik von prachtvollem Instinkt, verstand er es, einen zarten und doch überaus plastischen, ja vielfach »Mozartischen« Orchester-Klang herauszuholen, wie auch die Ensembles der Solisten, namentlich die lyrischen Stellen des Finales, durch Wohllaut und Ausgeglichenheit prachtvoll wirkten.

Einen wunden Punkt bildeten die Rezitative, die sich im italienischen Urtext im leichtfüßigen Parlando abwickeln lassen, während zu der gestrigen Unsicherheit noch die allgemeine Schwierigkeit des Deutschsingens hinzutrat: für hiesige Verhältnisse wäre eine Darstellung teilweise im Sprechen (ohne verstimmtes Klavier) vielleicht empfehlenswert.

Mozarts herrliches Meisterwerk löste trotz der noch unfertigen Ausführung stürmischen Beifall aus. Die Darsteller mußten sich immer wieder zeigen. Das Haus war (wohl wegen der politischen Veranstaltungen) nur mäßig besetzt. (Anm.: Es war nur halbvoll).

Im Monat März 1929 dirigierte Herbert von Karajan »Figaros Hochzeit« achtmal! Und zehn Tage nach der Premiere konnte man im »Ulmer Tagblatt« lesen:

Kapellmeister Herbert von Karajan, der die musikalische Einstudierung und Leitung der Oper »Die Hochzeit des Figaro« als Gast leitete, wurde für die restliche Dauer der diesjährigen Spielzeit und für die Spielzeit des Stadttheaters 1929/30 als Opernkapellmeister verpflichtet.

Herbert von Karajan bekam also in Ulm auf Anhieb sein erstes Engagement. Hier in der schwäbischen Provinz begann – mit einem Opernorchester von nur 32 Mann – die lange, am Anfang durchaus nicht steile, später aber beispiellose Karriere des wohl berühmtesten Dirigenten der Welt. Hier leistete er Knochenarbeit – jeweils von Mitte September bis Ende März, denn in Ulm wurde damals noch nicht ganzjährig gespielt.

Diese Knochenarbeit wünscht Karajan im Alter rückblickend noch den begabten Dirigenten-Anfängern unserer Zeit, wenigstens für zwei Jahre. Aber er weiß auch, daß die Schnellebigkeit jetzt so groß geworden ist und der Verschleiß (die Angebote!) von jungen Dirigenten so gewachsen ist, daß es sich eine Begabung gar nicht leisten kann, in der Provinz zu ackern. Denn die Konkurrenz ist so zahlreich, daß einer, der in die Provinz geht, von dort gar nicht mehr wegkommt, weil sein Name schon wieder vergessen ist.

Das war um 1929 noch anders: Da gab es keine Flugzeuge, kein Fernsehen, da blieb man am Ort, wenn man nicht rausgeschmissen wurde.

Und rausgeschmissen wurde Herbert von Karajan!

4. Kapitel

Der Rausschmiß

Der Konzertmeister zog eine geladene und entsicherte Browning-Pistole aus der Tasche, legte auf den Kapellmeister an und – wenn nicht der Orchestervorstand geistesgegenwärtig dazwischengesprungen wäre und den Rasenden überwältigt hätte, dann gäbe es heute den genialen Klang-Magier und Musik-Manager Herbert von Karajan nicht. Dann hätte es ihn nie gegeben.

Denn das Attentat fand 1931 während einer Pause in der Weihnachtspremiere der Oper »Schwanda, der Dudelsackpfeifer« von Jaromir Weinberger statt. Ort: das Intendantenbüro des Stadttheaters Ulm. Grund: Der Violin-Konzertmeister Willi Döpke hatte sich in seiner Ehre gekränkt gefühlt, weil der 23jährige Kapellmeister Karajan ihm einen anderen Musiker vor die Nase gesetzt hatte. Einen besseren. Weil für Karajan schon damals immer nur das Bessere, das Beste zählte. In diesem Ehrgeiz ging er über Leichen, notfalls über seine eigene.

Der Salzburger Karajan war 1929 von der Wiener Musikhochschule gekommen. Was verbindet die Kulturmetropole Wien mit Ulm? Nur die Donau, sonst nichts.

Da reiste also der Ritter von Karajan, ein junger Herr aus vornehmem Hause, an – und zog bei einem Bierbrauer in Neu-Ulm zur Untermiete ein, zwei Flaschen Bier täglich im Mietpreis inbegriffen. Gut für einen, der als Anfangsgage 80 Mark im Monat erhielt. »Ich hatte ja keine Ahnung«, erzählte Karajan Jahrzehnte später, »was ein Provinztheater ist. Ich habe gedacht, das wird so sein wie in Wien, nur ein wenig schlechter und kleiner.« (Haeusserman). Statt dessen: das Stadttheater Ulm mit einer Bühnenbreite von nur siebeneinhalb Metern – man stelle sich die »Meistersinger«-Festwiese mit 45 Personen Chor in einem größeren Wohnzimmer vor, um einen Raumbegriff von dieser Bühne zu bekommen. Der Zuschauerraum faßte 481 Sitzplätze. Das Opernorchester bestand aus 32 Musikern (die Operetten wurden mit 26 Musikern gespielt), der Chor aus acht Damen und acht Herren.

Von außen war das Haus unscheinbar – früher mal eine Scheune, hieß es.

Und von der Klangqualität der »Figaro«-Premiere kann man sich eine Vorstellung machen, wenn man die erwähnte Kritik im »Ulmer Tagblatt« genau liest. Da steht zwar über den Neuling Karajan: »Offenbar ein hoffnungsvolles Talent«, aber auch: »Einen wunden Punkt bildeten die Rezitative . . . für hiesige Verhältnisse wäre eine Darstellung teilweise im Sprechen (ohne verstimmtes Klavier!) vielleicht empfehlenswert.«

Ein verstimmtes Klavier – und das für Karajan mit seinem absoluten Gehör, dem jeder unsaubere Ton Schmerzen bereiten mußte. Ein Wunder, daß er nicht gleich wieder abgereist war. Die Musiker gaben sich in ihren Grenzen gewiß alle Mühe, aber Karajan hatte anderes im Ohr: die Wiener Philharmoniker, ja, auch das Salzburger Mozarteum-Orchester.

Doch da kam schon die Sommerpause. Fünfeinhalb Monate dauerte sie. Von April bis Mitte September waren die Künstler vom Stadttheater Ulm arbeitslos oder tingelten, wenn sie Glück hatten, in Kurkapellen, Bädern oder sonstwo. Eine durchgehende Gage fürs ganze Jahr gab's jedenfalls nicht.

Der frischgebackene Ulmer zweite Kapellmeister Herbert von Karajan fuhr nach Wien. Dort gastierte in diesem Sommer 1929 der berühmte Dirigent Arturo Toscanini mit der Mailänder Scala. »Lucia di Lammermoor« von Gaetano Donizetti und Giuseppe Verdis »Fallstaff« standen auf dem Programm.

Und da traf den 21jährigen Karajan der Blitz, dessen Nachwirkungen sein ganzes Leben anhalten sollten. Karajan zu Haeusserman: »Vom ersten Akt an hat es bei mir eingeschlagen, ich war völlig fassungslos über die Perfektion, die hier erreicht wurde, speziell bei diesem ›Falstaff‹, wo man doch weiß, daß Toscanini immer am ›Falstaff‹ herumgefeilt, herumprobiert und immer wieder einen anderen Sänger genommen hat. Diese Aufführung war damals vielleicht schon zehn oder zwölf Jahre alt – nicht ›alt‹, sondern ausgereift. Zum ersten Mal habe ich begriffen, was Regie heißt. Toscanini hatte zwar einen Regisseur gehabt, aber im Grunde

Das Stadttheater Ulm, genannt »die Scheune«. Am 17. Dezember 1944 ▷ wurde es durch Bomben im Krieg zerstört. Hier studierte Karajan 1929 seine erste Oper ein, hier erlebte er 1934 seinen ersten Rausschmiß.

Arturo Toscanini, Karajans großes Vorbild

genommen waren die wesentlichen Einfälle von ihm selbst. Die absolute Übereinstimmung von Musik und Bühnendarstellung war für uns etwas völlig Unfaßbares; anstatt dieses sinnlosen Herumstehens von Leuten hat hier alles seinen Platz und Zweck gehabt.«

Und weiter: »Dann war noch die ›Lucia‹, die man in Wien als eine ›Werkelkastenoper‹ bezeichnete.« Also schlicht als Leierkastenmusik. Die wurde unter Toscaninis Leitung zu einem traumhaften Klangerlebnis.

Beide Werke sollten später Meilensteine in Karajans Karriere werden. Um zu hören, wie Arturo Toscanini Wagners Oper »Tannhäuser« dirigierte, setzte sich der Ulmer Kapellmeister Karajan im Sommer 1931 aufs Fahrrad und strampelte die 300 Kilometer von Salzburg nach Bayreuth. Unterwegs und in Bayreuth übernachtete er in Scheunen. »Ich wäre notfalls auch zu Fuß hinmarschiert«, behauptete er 47 Jahre später mehrfach. Und man glaubt es ihm.

Jetzt wußte der junge Dirigent, wie es weitergehen mußte – in Ulm. Er legte sich seine Methode zurecht, die mit den »zwei verschiedenen Orchestern«, die er zur selben Zeit hörte: Das eine war der Klang des tatsächlichen Orchesters, das vor ihm saß, und das andere, das war gleichzeitig der Klang eines idealen Orchesters, der »darübergelagert« war. »Ich habe gelernt, das tatsächliche Orchester mit seinen Fehlern und Unvollkommenheiten nicht zur Kenntnis zu nehmen und dafür um so intensiver dem eingebildeten, idealen Orchester zu lauschen.«

Und jedesmal, wenn Karajan aus der Sommerpause, in der er ideale Klangkörper in Bayreuth, Salzburg und Wien gehört und deren Qualität wie ein Schwamm aufgesogen hatte, wieder nach Ulm kam, wurde das Orchester besser – weil der besessene Kapellmeister ihm immer mehr abverlangte.

Bald schon holte er junge, talentierte Musiker von der Akademie in München nach Ulm. Das war für beide Teile vorteilhaft: Der Nachwuchs von der Musikhochschule lernte die Praxis im Orchester, und das »tatsächliche Orchester« machte immer weniger Fehler, verringerte den Abstand zum »idealen Orchester« immer mehr – soweit das im Rahmen der Gegebenheiten möglich war. Viele dieser jungen Leute gingen später weiter in Spitzenpositionen an deutschen Orchestern in Berlin, Frankfurt, München, Karlsruhe, Braunschweig, Nürnberg.

So büffelte er in Ulm. Und so erarbeitete er sich dort 23 Opernwerke von Grund auf. Im Ulmer Stadtarchiv ist eine Aufstellung aller Einstudierungen Herbert von Karajans zu finden, die ein fleißiger Mensch zusammengeschrieben hat. Sie beginnt mit der ersten Premiere von Mozarts »Die Hochzeit des Figaro« am 2. März 1929 und endet mit der letzten Vorstellung, einer Neueinstudierung von »Die Hochzeit des Figaro« (Premiere 21. 3. 1934), nach fünf Aufführungen dieser Mozart-Oper am 31. März 1934 (siehe Aufstellung Seite 54).

Herbert von Karajan hat also ungeheuer bienenfleißig mindestens rund 125 Vorstellungen innerhalb von insgesamt 33 1/2 Monaten dirigiert, wenn auch vielleicht nicht immer seine eigenen Einstu-

Spiel-zeit	Oper	Premiere am	Anzahl der Aufführungen
1928/29	Die Hochzeit des Figaro	2.3.29	8
1929/30	Rigoletto	9.10.29	6
	Martha	24.11.29	8
	Cavalleria rusticana	4.3.30	2
	Don Juan (Don Giovanni)	11.3.30	2
		zusammen	27
1930/31	Der Barbier von Sevilla	30.9.30	8
	Carmen	7.11.30	4
	La Bohème	25.12.30	4
	Don Pasquale	21.1.31	4
	Tiefland	5.3.31	3
		zusammen	23
1931/32	Madame Butterfly	29.9.31	7
	Der Troubadour	30.10.31	7
	Schwanda, der Dudelsackpfeifer	25.12.31	?*
	Fidelio	28.1.32	4
	Der Rosenkavalier	15.3.32	4
		zusammen	22 (ev. 24 od. 25)
1932/33	Undine	20.10.32	7
	Tannhäuser	25.12.32	8
	Die lustigen Weiber von Windsor	12.1.33	6
	La Traviata	17.3.33	4
		zusammen	25
1933/34	Julius Cäsar	23.10.33	6
	Lohengrin	25.12.33	10
	Arabella	9.2.34	3
	Die Hochzeit des Figaro	21.3.34	5
		zusammen	24

* Diese Premiere, die ja wegen des Attentats verbürgt ist, fehlt in der Aufstellung des Ulmer Stadtarchivs, ebenso damit auch die Anzahl der Aufführungen, die mit mindestens 3 oder 4 anzusetzen ist.

dierungen. Denn er pflegte sich mit seinem Freund, dem »koordinierten« Ersten Kapellmeister Otto Schulmann, abzuwechseln
nach dem Motto: Dirigierst du meinen »Lohengrin«, dirigier' ich
deine »Meistersinger«. Doch davon später.
Wie seine Arbeit vom »Ulmer Tagblatt« eingeschätzt wurde, bele-
gen ein paar Beispiele. So schreibt der Kritiker am 31. Oktober
1931 über die Premiere »*Der Troubadour*« vom Vorabend:

Im Laufe der Zeit haben wir uns die Blickpunkte für die Synthese in Verdis Opern wieder zu eigen gemacht, und kein
Geringerer als Toscanini hat in seinem Heimatlande mit dem
Virtuosentum vergangener Zeiten diktatorisch aufgeräumt,
damit der musikalischen Welt den ganzen Verdi von neuem
geschenkt.
Wenn man nach einer Erstaufführung solchen Gedanken nach-
spürt, dann ist dies das Verdienst von Karajan, der den Geist
des Gesamtkulturwerkes erweckte, der den in der Partitur
verborgenen Sinn zum Geschehen werden ließ, ohne dabei die
Sänger um ihren Erfolg zu schmälern. Freude und Schmerz,
Tragik und Grausamkeit, die packende Dämonie des typischen
Verdi übertrug Karajan auch auf den widerspenstigen Zuhörer.
Er fordert durch sein Musikantentum in seinen Bann. Oben
vor der Rampe, wo es um das Schicksal von Menschenleben
geht, ließen sich die Solisten durch den spiritus rector gerne
musikalisch befehligen und vervollständigten den Abend durch
die Kraft der eigenen Persönlichkeit . . .
Auch dem Orchester, auch dem Chor uneingeschränktes Lob,
vor allem aber den Mitwirkenden in der Tiefe, unserem Orchester, für den schlackenlosen musikalischen Genuß.

Die Premiere der Händel-Oper »*Julius Cäsar*« am 23. 10. 1933
wird folgendermaßen besprochen:

Herr von Karajan hat sein Orchester nun wieder so weit geschult, daß er ihm in gewohnter Weise seine musikalische
Auslegung anvertrauen kann. Da sind Streicher und Bläser
glücklich ausgeglichen. Neben den Streichinstrumenten verdienen vor allem der »Cembalist« und der Hornist, der hier mit
manchem Professor an der Staatsoper in Wettbewerb treten
könnte, Anerkennung. Karajan legt großen Wert auf die

gleichmäßig verteilte Spannung, bemüht sich aber, alle schnellen Zeitmaße möglichst lebendig zu nehmen. Dabei gerät ihm die Festmusik zum 4. Bild etwas zu flüssig, und das Presto der Sinfonia gleicht fast einem Wettlauf aller Instrumentalisten. Dafür entschädigt uns der Kapellmeister während der verschiedenen Bilder mit leidenschaftlicher, d. h. echter Händelscher Größe.

Karajan ist über 25 Jahre alt, als am 27. 12. 1933 die Kritik über seine »*Lohengrin*«-Premiere vom ersten Weihnachtsfeiertag erscheint (der Aufmacher der Zeitung dieses Tages beinhaltet übrigens die Verkündung des Todesurteils gegen den »Reichstagsbrandstifter« M. van der Lubbe. Und unter der Kritik steht ein Artikel »Volk und Kunst gehören zusammen«).

Diesmal sitzt Karajan wieder am Pult. Er ist älter, innerlich gefestigter geworden, so zielsicher, daß sein »Lohengrin« eine musikalisch feste Architektur annimmt. Der Kapellmeister tändelt nicht mit der Laune eines impressionistischen Schwärmers mit dem tonlichen Material. Er wird von der Idee des Heldischen innerlich gepackt und meidet vor allem die Gefahr für das Pathetische. Er strebt nicht nach theatralischer Verständlichmachung, sondern zwingt zur Überzeugung. Das ist sein Sieg dem Zuhörer gegenüber. Beim Orchester stellt man wieder planmäßige erzieherische Arbeit fest. Zunächst befindet sich dieser Apparat in weit besserer Verfassung als im »Lohengrin« vor fünf Jahren. Die Streicher gestalten gleichermaßen die Lyrik und überlegene Wucht erstaunlich nach, wobei sich die Bläser an manchen Stellen allerdings vor Übertreibung hüten müssen.

Die »*Arabella*«-Premiere vom 9. Februar 1934 wird vom Kritiker »p.p.« gewürdigt, indem er zunächst das glückliche Zusammenwirken von Richard Strauss mit seinem Textdichter Hugo von Hofmannsthal schildert und überleitet:

Anläßlich des gestrigen Abends ist man geneigt, ein glückliches Zusammenwirken bei Erwin Dieterich und H. v. Karajan festzustellen. Ohne beide wäre der aufschlußreiche Querschnitt Strauss'schen Schaffens in unserer Stadt unmöglich gewesen.

Torwart Herbert von Karajan (vorn kauernd, 2. v. lks.) mit der Fußball-
mannschaft des Stadttheaters Ulm, die gegen die Mannschaft »Presse«
kämpfte, 1930.

(Die Uraufführung des Werkes in Dresden lag erst ein halbes
Jahr zurück!)
Des Intendanten sachverständig kundige Hand vermeidet das
Experiment . . .
Karajan hat im Laufe seiner hiesigen Tätigkeit die akustischen
Tücken des Orchesterraumes, seine Gegensätzlichkeit zur
Bühne in ihren Einzelheiten ausfindig gemacht. Er achtet das
Vorrecht des Sängers in der Oper und nimmt auf die Handlung
auf die Brettern Rücksicht, ohne die Klangfreudigkeit der
Partitur zu zerstören. Dabei leitet ihn ein gesundes Empfinden
für klare z. T. polyphone Stimmführung, und wo in früheren
Jahren nur geschlossene Klangkomplexe zu hören waren, er-
steht jetzt eine Architektur von aufstrebender Formvollen-

dung. Des Kapellmeisters Erzieherarbeit machten Pläne wie diese Erstaufführung möglich. Ein neuer Sieg unseres Orchesters und seines Führers!

»Der Führer« Hitler eröffnet die erste Reichsautobahn in Württemberg, meldet das »Ulmer Tagblatt«. Die Autobahnstrecke reicht zunächst von Stuttgart nach Ulm, und feierlich freigegeben wird der erste Abschnitt zwischen Plieningen und Bernhausen. Am Tag zuvor, dem 21. 3. 1934, dirigiert Herbert von Karajan, knapp 27 Jahre alt, seine letzte Premiere in Ulm. Wieder ist es »*Die Hochzeit des Figaro*«.

Dem Stadttheater danken wir für die Wahl des köstlichen Werkes angesichts der Tatsache, daß Herbert von Karajan, der nun bald von Ulm scheidet, zu den berufenen Fürsprechern Mozart'scher Kunst und Mozart'schen Geistes gehört. Aufgewachsen mit der guten Tradition in Salzburg und begabt für die Deutung in bestem Sinn hat sich Karajan die Partituren des Meisters längst zu eigen gemacht und hebt sie heraus aus dem Bereich des Alltäglichen. Er vermittelt uns durch sie immer wieder von neuem das alte Geheimnis, die Kunst über den Streit der Meinungen zu stellen. Der Kapellmeister führt sein Orchester zu leicht filigraner Arbeit, zu der Klarheit der gestaltenden Kräfte, durch die das Werk umfaßbare Jugendfrische erhält. Er selbst spielt die Recitative, wobei wir bedauern, daß dem Musiker Karajan nicht das Cembalo zur Verfügung steht (wann werden wir endlich eines dieser unentbehrlichen Instrumente für immer nach Ulm bekommen?). Karajan verabschiedet sich in »Figaros Hochzeit« von uns und zeigt uns noch ein letztes Mal, was wir ihm alles zu verdanken haben.

Doch noch ist es nicht soweit. Wie schon erwähnt, verstand sich Karajan mit seinem Kollegen, dem »anderen« Ersten Kapellmeister Otto Schulmann, sehr gut. So gut, daß Schulmann sich für die zweite Aufführung der von ihm einstudierten Oper »Die Meistersinger von Nürnberg« am 24. November 1931 krank meldete (obgleich er es nicht war), um seinem Freund Herbert das »Einspringen« zu ermöglichen.
Und daran erinnert sich Herbert von Karajan im hohen Alter noch genau – übrigens so genau, wie er bewußt vieles andere vergessen

und verdrängt hat, was ihm nicht in den Streifen paßt: »Da bin ich also eingesprungen«, erzählt er den Zuschauern des ZDF. »Ich bin danach so ungefähr mit dem Krankenwagen nach Haus gebracht worden, weil ich so vollkommen fertig war, weil ich jeden Moment gedacht habe: Es bricht auseinander! Überhaupt kein Grund war dafür da, es ging alles ganz normal. Aber das hat man da eben noch nicht . . .« Soweit der 75jährige Maestro über den 23jährigen Stadttheater-Kapellmeister Karajan im Jahre 1931.

Überhaupt die Erinnerung. Manchmal scheint Karajan sie zu überdrehen, manchmal scheint sie ihn ganz zu verlassen. Überdreht wirkt es, wenn er behauptet, in Ulm auch zahlreiche Operetten dirigiert zu haben – natürlich ohne Probe, aber immerhin. Dem widerspricht der Orchestervorstand von damals, Fritz Kaiser (der nur zwei Jahre älter ist als Herbert von Karajan), nämlich ganz energisch: »Das stimmt nicht. Für Operetten war jeweils ein ausgesprochen routinierter Operettenkapellmeister verpflichtet. Karajan wollte einmal bei der Premiere von ›Die Fledermaus‹ unter dem Kapellmeister Eugen Neff die Ouvertüre dirigieren. Neff war einverstanden unter der Bedingung, daß er dann bei der nächsten ›Lohengrin‹-Premiere am 25. Dezember 1933 das Vorspiel dirigieren dürfe: Auf diesen Handel ging Karajan aber nicht ein.«

Vielleicht hat er dennoch das eine oder andere Mal »einspringend« eine Operette dirigiert. Zuzutrauen wär's ihm gewesen.

Bis zum Ferrari und zum Flugzeug war es in Ulm noch weit. Also mußte für den springlebendigen Karajan, den Geruhsamkeit nervös machte und macht, ein Fahrrad her. Das gehörte nicht ihm, sondern dem 1. Kontrabaß und Orchestervorstand Fritz Kaiser.

»Da ischt er damals umanandafeget wie a Sau«, weiß der alte Herr noch ganz genau im Jahre 1982. Denn das Fahrrad stand bis 1979 in seinem Keller. Dann wurde es in einer Hilfsaktion für Bedürftige versteigert. Der historische Drahtesel, für den Liebhaber sicher Unsummen ausgegeben hätten, brachte auf der Auktion – 50 Mark. Kaiser war es übrigens auch, der Karajan vor dem Pistolenschuß des verrückten Geigers gerettet hatte.

»Umanandafeget« ist der Kapellmeister Herbert von Karajan mit dem Radl über das Ulmer Kopfsteinpflaster, wenn er Verstärkung fürs Orchester von den Militärkapellen der Pioniere, der Infanterie oder Artillerie zu Proben zusammentrommeln mußte. Oder Leute von den Gesangvereinen Ulm und Neu-Ulm für den Extra-

Chor (bei »Tannhäuser« ebenso wie bei den »Meistersingern« bevölkerten ja bis zu 45 Chorsänger die winzige Bühne). Oder der Kapellmeister fuhr von Haustür zu Haustür und verkaufte höchstpersönlich Theater-Abonnements – so wie er es dann 1967 in allerdings gewaltig größerem Stil (und nicht per Fahrrad) für seine eigenen Salzburger Osterfestspiele tat.

»Umanandafeget« ist er auch in der Theater-Fußballmannschaft, jawohl. Beim Sport machte er immer mit, dafür nahm er sich Zeit, das koordinierte er so wie als Schüler in Salzburg den Sport zu Gymnasium und Mozarteum.

Was spielte er? Natürlich Torwart!

All das war dem ehrgeizigen jungen Kapellmeister noch zu wenig. Er wollte auch selbst Konzerte veranstalten. Da gab es zunächst Schwierigkeiten. Denn, wie Kaiser 1968 in der »Südwestpresse« berichtete, »bis zum ersten Symphoniekonzert im Frühjahr 1932 lag das ganze musikalische Geschehen in den Händen des Städtischen Musikdirektors Fritz Hayn. Der war gleichzeitig Münsterorganist, Leiter der Kirchen- und Symphoniekonzerte und Leiter der Liedertafel Ulm, des ersten Gesangvereins am Platze. Es war natürlich schwierig, gegen diese althergebrachten Gewohnheiten anzugehen. Zu unserem ersten Konzert bekamen wir nicht einmal die Genehmigung, den Konzertsaal ›Saalbau‹ zu benützen. Daraufhin ließ Karajan den Orchestergraben im Theater mit Eisenträgern überdecken.«

Auf diesem vergrößerten Podest wurde dann etwa alle vier Wochen ein Konzert gegeben. Die Proben dazu fanden im ehemaligen Gasthof »Schiff« statt. Die Instrumente wurden auf einem zweirädrigen Handkarren hin- und hertransportiert. »Dabei«, so merkt Fritz Kaiser an, »wurden weniger Instrumente beschädigt als heute im modernen Transport.« Diese Schwierigkeiten hatte der junge Karajan also nun mit unbeirrbarer Energie überwunden. Er gab regelmäßig Konzerte mit dem Theaterorchester.

Das Toscanini-Erlebnis war es gewesen, das in Herbert von Karajan einen fast maßlos erscheinenden Ehrgeiz erweckte, einen Willen zur Macht, der in ihm zwar von Jugend auf geschlummert hatte, der aber jetzt elementar zum Ausbruch kam.

Er arbeitete wie besessen. Von morgens neun bis nachts 23 Uhr im Theater. Danach brannte das Licht in seinem Zimmer beim Bierbrauer noch die halbe Nacht, weil Karajan Partituren studierte und auswendig lernte, nicht weil er – wie Toscanini – am Pult schlecht sah und die Noten nicht erkennen konnte, sondern weil er die Klangwelt konzentriert in sich aufnehmen wollte.

Karajans Auswendigdirigieren mit geschlossenen Augen wie in Trance ist weder Staralüre noch Koketterie noch Sehschwäche, sondern höchste Konzentration, die sich fast körperlich auf jeden einzelnen Musiker überträgt. Nicht die Noten, nicht die Seiten der Partituren, sondern die ganze Musik »sieht« er innerlich bis zum Ende schon bei Beginn einer Komposition, sei es im Konzert oder in der Oper.

Daß er in Ulm bei dieser Art von Lebensweise rund um die Uhr wenig Kontakt zur Bevölkerung und auch kaum zu Kollegen fand, das ergab sich zwangsläufig. »Wenn das Orchester ihn einlud, war er höchstens eine halbe Stunde anwesend«, erinnert sich Fritz Kaiser noch genau.

In den freien Monaten nahm Karajan in der Salzburger Sommerakademie an den Dirigentenkursen von Bruno Walter und Clemens Krauss teil, indem er einerseits von den Vorbildern unablässig lernte, aber auch schon selber lehrte. Als musikalischer Assistent und als Leiter der Bühnenmusik machte er sich bei den Salzburger Festspielen nützlich. Und er sah fasziniert der Regiekunst von Max Reinhardt zu. »Von ihm habe ich am meisten gelernt. Reinhardt war für mich die einzig wirklich maßgebende Regiepersönlichkeit«, bekannte Karajan später einmal.

Dem großen Regisseur Max Reinhardt hingegen war der junge fleißige Dirigent der Bühnenmusik (die Freund Bernhard Paumgartner komponiert hatte) bei den Proben seiner »Faust«-Inszenierung 1933 in Salzburg aufgefallen. Mit dem Instinkt des Entdeckers von künstlerischen Persönlichkeiten erkundigte er sich bei einem seiner eigenen Assistenten, wer das denn sei. »Ein junger Kapellmeister aus Ulm, ein gewisser Karajan«, lautete die Auskunft. »Aus Ulm? Wie lange ist er denn schon dort?« wollte Reinhardt weiter wissen. »Seit vier Jahren, Herr Professor.« Da meinte Reinhardt enttäuscht: »Vier Jahre in Ulm! Aus dem wird nie was werden!« (Haeusserman).

Vor diesem Festspielsommer hatte es in Ulm auch noch andere Schwierigkeiten gegeben. Intendant Erwin Dieterich hatte nämlich seinem Kapellmeister Herbert von Karajan gekündigt, er wollte ihn in der Spielzeit 1933/34 nicht mehr haben. Sei es, daß er so dachte wie Reinhardt, sei es aus anderen Gründen, Karajan fiel aus allen Wolken!

Noch ein Ereignis trat ein. Karajans Kollege und Freund, der Erste Kapellmeister Otto Schulmann, war Jude, wenn auch römisch-katholisch getauft. Als die Nazis am 30. Januar 1933 »die Macht ergriffen«, war seines Bleibens in Deutschland nicht mehr. Er wanderte nach Amerika aus.

Den Hergang schilderte Herbert von Karajan in aller Öffentlichkeit anläßlich des ZDF-Interviews zu seinem 75. Geburtstag. Dabei mußte es auch dem wohlwollendsten Fernsehzuschauer den Atem verschlagen angesichts der offensichtlichen (oder gespielten) Naivität des Dirigenten: »Es gab sehr viele Juden«, sagte da Karajan, »die von der ›Idee‹ (Anm.: des Nationalsozialismus) begeistert waren. Er (Anm.: Schulmann) war so einer. Und eines Tages kam er herein und sagte mir wortwörtlich: ›Wir haben gesiegt. Und jetzt muß ich Sie verlassen, weil mein Leben hier nicht mehr sicher ist‹.« Und Karajan setzte, etwas unsicher, hinzu: »Erstaunlich, nicht?« Dem Interviewer blieb der Mund offen, er hakte nicht nach, sondern fragte gleich weiter nach Karajans eigener NSDAP-Vergangenheit. Das ist noch ein dunkler Punkt, über den Karajan seit Kriegsende die Geschichte erzählt, er sei, um Generalmusikdirektor in Aachen werden zu können, einen Tag vor seiner Ernennung 1935 eben in die Partei eingetreten. Das sei eine reine Formsache gewesen, so wie man auch bei einem Bergsteigerverein Mitglied wird und einen Beitrag zahlt, sonst bekommt man für eine bestimmte schwierige Tour keinen guten Bergführer.

Opportunismus leugnet Karajan nicht: »Um diesen Posten zu bekommen, hätte ich jedes Verbrechen begangen«, hat er mehrfach zu verstehen gegeben. Nur: ob das mit dem »Generalmusikdirektor«-Posten in Aachen zusammenhing, muß im nachhinein bezweifelt werden.

Denn nicht nur der Karajan-Karriere-Durchleuchter aus der Schweiz, Robert C. Bachmann, sondern auch der junge deutsche Autor und Musikschriftsteller Fred K. Prieberg (»Musik im NS-Staat«, Fischer Taschenbuch Verlag, 1982) stellte fest, daß Herbert von Karajan am 8. April 1933 zum ersten Mal in Salzburg der NSDAP (Mitgliedsnummer: 1 607 525) beigetreten ist (bald darauf wurde die NSDAP in Österreich verboten). Zum zweiten Mal trat er kurz danach am 1. Mai 1933 in Ulm in die NSDAP ein – er erhielt die Mitgliedsnummer 3 430 914.

Aber in Ulm war doch Sommerpause! Was trieb Karajan noch

einmal aus Österreich in das deutsche Provinznest? Zu diesem
1. Mai 1933, den Hitler zum »Tag der nationalen Arbeit« erklärt
hatte, an dem unter hysterischem Jubelgeschrei, Hakenkreuzfah-
nenmeeren und Marschmusik Festzüge durch alle Straßen der
Städte zogen – zu diesem 1. Mai war also Karajan mitten in der
Theaterpause nach Ulm gefahren. Aus Angst vor seiner eigenen
Arbeitslosigkeit?

Es scheint festzustehen, daß Karajan, nachdem ihm Intendant
Dieterich gekündigt hatte, auf seinen Vorgesetzten während einer
gemeinsamen Bahnfahrt nach Wien – wo sie sich Opernkräfte für
Neuengagements anhören wollten – so lange eingeredet hat, bis
der sich erweichen ließ: »Also gut, noch eine Spielzeit können Sie
bleiben, aber dann ist Schluß!« Mag sein, daß sich Karajan von der
Parteimitgliedschaft eine erneute Vertragsverlängerung versprochen hat. Dieterich jedenfalls ließ sich nicht darauf ein. Ende März
1934 sollte Karajans Vertrag endgültig auslaufen. Etwas später
übrigens wurde auch Intendant Dieterich abgelöst – von den Nazis.

Und noch später hat Dieterich seinem früheren Kapellmeister,
dem nunmehr schon arrivierten Dirigenten Herbert von Karajan,
erklärt: »Wenn ich Ihnen damals nicht gekündigt hätte, wären Sie
womöglich in Ulm steckengeblieben. Und dazu hielt ich Sie für zu
schade.« Karajan kaschierte seinen Rausschmiß seinerzeit elegant.
Er erklärte jedem, der ihn in Ulm fragte, warum er denn wegin-
ge: Hier könne er nichts mehr lernen, es würde sich doch alles
wiederholen. Das hatte den Anstrich von Wahrscheinlichkeit,
denn z. B. »Die Hochzeit des Figaro« kam nach fünf Jahren schon
wieder neu ins Repertoire. Und auch »Lohengrin« war ja nach
Ablauf von fünf Jahren neu inszeniert worden. Der Maestro war
später ehrlicher. Im Bewußtsein, daß er ohne die Kündigung
womöglich sehr lange, vielleicht zu lange in Ulm, in der Provinz
hängengeblieben wäre, sagte er einmal über seine Karriere: »Ich
habe in Ulm angefangen, und es ist etwas anderes draus geworden!«

Für Karajan hatte bereits seit der ersten ausgesprochenen Kündigung eine fieberhafte Eisenbahnreiserei begonnen. Immer sams-
tags, wenn in Ulm »Schauspieltag« war. Die Nacht vorher los, die
andere Nacht wieder zurück, zugige Bahnhöfe, kalte harte 3.-
Klasse-Bänke. Zur Bewerbung und Vorstellung an anderen Thea-
tern kreuz und quer durch Deutschland. Ergebnis: nichts, nicht

einmal Probedirigieren. Seit dieser Zeit haßt Herbert von Karajan Bahnhöfe und Eisenbahnzüge.

Doch die vergangenen Jahre hatten ihm die felsenfeste Basis für seine Zukunft gegeben. Als er im Februar 1936 als Gast das Städtische Orchester in Ulm anläßlich eines Symphonie-Konzerts der NS-Kulturgemeinde dirigierte (Tschaikowskys Fünfte und das Violinkonzert von Max Bruch – Solist: Konzertmeister Detlev Grümmer, Aachen), sagte er in einem Interview des »Ulmer Tagblatts« (3.2.36): »Kaum sonstwo hätte ich so wie in Ulm Gelegenheit gehabt, in wenigen Jahren fast die gesamte musikalische Theaterliteratur, soweit sie noch lebendig ist, kennenzulernen, und gerade die mannigfachen Schwierigkeiten, die der Ulmer Theaterbetrieb in den Jahren 1929 bis 1934 zu überwinden hatte, erforderten den Einsatz aller Kraft.«

Bei einem Besuch in Ulm 35 Jahre später – nämlich 1971 – sprach er davon, daß ihm der »harte, aber gerechte Intendant Dieterich den Grundsatz eingebleut hat: Der Betrieb ist alles, das Einzelinteresse zählt nicht.« Und er erklärte, in Ulm (!) gelernt zu haben, wie man aus begabten Stimmen Künstler macht. Später haben ihm diese Erfahrung einige Weltberühmtheiten gedankt: Irmgard Seefried, Leontyne Price, Mirella Freni, um nur ein paar Namen zu nennen.

Wie intensiv Karajan in Ulm mit Sängern gearbeitet hat, davon zeugt das Beispiel der Neueinstudierung des »Rosenkavalier« Anfang 1932. Da kam der Bassist zu ihm, der mit der Partie des Ochs von Lerchenau besetzt war. Der hatte eine schöne Stimme, aber er sagte zu seinem Kapellmeister: »Herr von Karajan, ich kann keine Noten lesen.« Darauf Karajan: »Haben Sie denn die Partie schon drauf?« Antwort: »Nein, ich kenne sie nicht.« Karajan: »Um so besser, da können Sie nichts Falsches gelernt haben.« Und er spielte dem Bassisten die Melodien der ganzen Partie wieder und immer wieder in zig Stunden vor, bis der den »Ochs von Lerchenau« eisern drauf hatte.

Karajans letzter Triumph in Ulm war ein Richard-Strauss-Konzert mit 90 (!) Orchestermusikern. Seine letzte Gage betrug 120 Reichsmark. Als letzte Vorstellung dirigierte er, wie erwähnt, am 31. März 1934 »Die Hochzeit des Figaro«. Das war der Ostersamstag. An diesem Tag schrieb der Kritiker »p.p.« in der Oster-Ausgabe des »Ulmer Tagblatts«, deren Titelblatt den Aufmacher trug »Nun brause, Lebensblut! Deutsche Ostergedanken«:

Herbert von Karajan zum Abschied

Herbert von Karajan, Erster Kapellmeister an unserem Stadttheater, verabschiedet sich heute von seinen Ulmer Freunden in »Figaros Hochzeit«. Mit seinem Weggang ist für Ulm ein Stück Kulturarbeit abgeschlossen, wert, durch diese Künstlerpersönlichkeit noch einmal betrachtet zu werden.

Vor 5 1/2 Jahren schrieb mir ein Bekannter nach München, daß jetzt in Ulm ein blutjunger Orchesterleiter tätig sei, dessen Fähigkeit, Mozart zu dirigieren, alle bisher in der Provinz vernommenen Leistungen in den Schatten stelle. Weiter sprach der Brief von den schönsten Hoffnungen für unser Musikleben durch die Verpflichtung eines derartigen Vollblutmusikers. (Anm.: p.p. irrt sich. Der Brief seines Bekannten konnte höchstens gut fünf Jahre her sein). Karajan dirigierte auch bei seinem Antritt »Figaros Hochzeit« und fand in der Presse nicht weniger freudige Bejahung als vom musikverständigen Publikum . . .

Seine Verdienste in unserer Stadt sind mehrfacher Art. Einmal führte er unserem Orchester junge talentierte Musiker zu und leistete bewußte Erzieherarbeit, so daß mit der Zeit ein Klangkörper entstand, der in Oper und Konzert ruhig einen Vergleich mit Orchestern weit größerer Städte aushielt. Durch diese Tätigkeit wurde die Behauptung gewisser Kreise, man müsse eigentlich nach Stuttgart oder München fahren, um etwas Gutes zu hören, leere Ausrede.

Unter Karajans Ära sind in der Oper hauptsächlich »Meistersinger«, »Lohengrin«, »Tannhäuser«, »Fidelio«, »Rosenkavalier«, »Arabella«, »Don Juan«, »Figaros Hochzeit«, »Troubadour«, »Rigoletto« und die glänzende Aufführung von »Lustige Weiber« zu erwähnen.

Daneben galt seine besondere Sorge den großen Symphonie-Konzerten. Leider konnte er seine Pläne infolge der Zersplitterung der musikalischen Kräfte nicht in dem gewünschten Maße durchführen. Wir hörten von ihm Beethovens Dritte, »Tod und Verklärung«, »Till Eulenspiegel«, das Mozart'sche Klavierkonzert in d-Moll, wobei sich Karajan als glänzender Pianist vorstellte, ferner »Nachmittag eines Faun« von Debussy.

Ein besonderes Ereignis bildete die letzte große Veranstaltung mit einem Orchester von 90 Musikern. Der Strauss-Abend mit »Don Juan«, den Orchesterliedern und »Heldenleben« bleibt unvergessen, wenn er auch durch den Besuch schlecht gelohnt wurde. Karajan hat erneut bewiesen, daß er, um im Sinne Bülows zu reden, den Kopf nicht in der Partitur, sondern diese im Kopfe hat . . .

Nun begibt er sich nach Berlin und wird in der Serie der Bechstein-Konzerte der Philharmonie gastieren. Ferner hat er Gelegenheit, sein Können in den kommenden Monaten in Florenz unter Beweis zu stellen.

Ein Wunsch verbindet sich mit Karajans Abschied von Ulm: Daß er in Zukunft das Wirkungsfeld finden möge, welches seinem Musikertum gebührt. Sein Nachfolger aber wird nach solcher Arbeit keinen leichten Standpunkt haben. Die Organisatoren des Ulmer Musiklebens jedoch sollten aus den Erfahrungen und der Tätigkeit des Scheidenden lernen, Kräfte von solchem Format besser zu nützen.

Die neue Zeit bietet die Gewähr, daß alle Maßnahmen im Sinne eines einheitlichen Musiklebens unserer Stadt getroffen werden, nicht mit Rücksicht auf Personen, wohl aber auf die Persönlichkeit, wie sie Herbert von Karajan unbedingt war.

Nun war Karajan also arbeitslos. Was »p.p.« vom bevorstehenden »Bechstein-Konzert in der Philharmonie« und von »Florenz« geschrieben hatte, waren wohl mehr Wunschträume Karajans, die er als Verpflichtungen ausgegeben hatte, Traumvorstellungen eines, der in die Leere der Arbeitslosigkeit fiel und der die »Schande« nicht zugeben wollte. Denn das ist kein besonders schönes Bewußtsein: der »König« gewesen – und sei es auch nur in Ulm – und dann nicht aus freien Stücken gegangen, sondern hinausgeschmissen worden zu sein, ohne etwas Neues in Aussicht zu haben. So was gibt echter Ehrgeiz aber niemals zu.

Er fuhr also nach Berlin. »Ich kam dort vollkommen verloren und verlassen an, ich kannte niemanden. Die Kontaktaufnahme mit Menschen fiel mir immer etwas schwer«, erzählte er rund 35 Jahre später seinem Biographen Haeusserman. Da fiel es ihm leichter, ehrlich zu sein, als gegenüber den damaligen Ulmern. Aber die Erzählung klingt ja auch im nachhinein dramatischer. Sie dient der Selbstdarstellung besser.

Drei Monate lang lief der jetzt 26jährige Ex-Kapellmeister von Agent zu Agent, begleitete für ein paar Mark Sänger beim Vorsingen und beim Einstudieren von Partien, suchte verzweifelt nach einem neuen Engagement und hungerte: »Mir graut heute noch, wenn ich daran denke!« sagte er später.

Und das stimmt sicher.

Da – im Juni 1934 – kam der rettende Engel in Gestalt des neuen Intendanten von Aachen, Dr. Edgar Groß. Der suchte im »Paritätischen Stellennachweis« einen Kapellmeister. Zufällig war Karajan an diesem Tag gerade auch in dieser Stellenvermittlung für Künstler und hatte mal wieder nachgefragt. Er stürzte sich auf den Aachener Theaterleiter: »Ich habe ihn hypnotisiert, ich müsse unbedingt bei ihm probedirigieren«, hat Karajan später behauptet.

Das Probedirigieren fand statt. Am 8. Juni 1934. Eine schwungvolle »Oberon«-Ouvertüre von Carl Maria von Weber, der erste Satz aus Mozarts »Haffner«-Symphonie und ganz groß das Vorspiel zu Wagners »Die Meistersinger von Nürnberg«.

Das Orchester lehnte den jungen, drahtigen, anscheinend höchst unbequemen Mann ab. Die Musiker wollten lieber einen ruhigen, erfahrenen Dirigenten haben.

Doch der Aachener Musikkritiker Dr. Wilhelm Kemp und der städtische Kulturdezernent Albert Hoff setzten sich für Karajan ein. Sie hatten das Probedirigat beobachtet und waren der Meinung, dem Orchester täte so ein frischer Wind recht gut. Und so wurde Herbert von Karajan (26) sofort für ein Probejahr engagiert. Denn der von Groß zuvor neu verpflichtete junge Dirigent Hans Swarowsky (derselbe, der nach dem Krieg in Wien für Generationen von Dirigentenschülern – u.a. Zubin Metha und Claudio Abbado – Lehrer und »Vater« werden sollte) kam nicht. Er hatte einen Vertrag mit Hamburg in der Tasche. Der war besser als der für Aachen, aus dem ihn Dr. Groß großzügig entließ. So kam Karajan zu der Aachener Position. Zufall? Glück?

Jedenfalls: Schon eine Woche nach seinem Probedirigat unterzeichneten Intendant und Karajan den Vertrag: am 15. Juni 1934. Zehn Monate darauf wurde er der jüngste Generalmusikdirektor (GMD) Deutschlands. Das Städtische Presseamt gab am 12. April 1935 die Verlautbarung heraus, daß Herbert von Karajan als GMD nunmehr neben seiner Operntätigkeit auch die Leitung des Konzertlebens übernähme.

Der »jüngste« Generalmusikdirektor Deutschlands blieb er nicht lange. Denn nur ein gutes Vierteljahr später wurde Joseph Keilberth, der genau 14 Tage jünger als Karajan war, in seiner Vaterstadt Karlsruhe »jüngster« Generalmusikdirektor. Karlsruhe hatte übrigens Karajan vor Aachen das Angebot gemacht, von der kommenden Spielzeit 1935/36 an den Posten des Generalmusikdirektors zu übernehmen. Nur: davon hatten die Aachener Stadtväter Wind bekommen und schneller gehandelt.

5. Kapitel

Das Wunder

Strahlend, lachend stand die blonde Schönheit – die »charmanteste Frau unseres Operettenensembles« (so die Aachener Zeitung »Westdeutscher Beobachter«) – im Standesamt. Neben ihr, die schwarzen Haare eng an den Kopf gebürstet, die graublauen Augen ernst und fest auf den Beamten gerichtet, ein sportlich-schlanker Mann, stumm, ein abwaschbares Täfelchen um den Hals gehängt. Darauf war zu lesen:

> »Ich kann wegen einer
> Operation nicht sprechen.
> Ja,
> ich heirate Elmy Holgerloef!«

Der Stumme hieß Herbert von Karajan, war 30 Jahre alt und Generalmusikdirektor des Stadttheaters Aachen.
Das war am Dienstag, dem 26. Juli 1938. Er mußte sich kurz vorher an den Stimmbändern operieren lassen. Als er noch klar und deutlich reden konnte, hatte er zu der Operettensängerin gesagt: »Wir verstehen uns so gut. Wollen wir nicht zusammenbleiben?« Das war sein Heiratsantrag. Und Elmy antwortete schlicht: »Einverstanden!«
Als sie – schon hochbetagt – im Aachener Seniorenheim »Schloßpark Rahe« lebte, erinnerte sich die zauberhaft, lebhafte alte Dame, die sechs Jahre älter als Karajan war, an die Zeit ihres näheren Kennenlernens: »Es war wohl die Natur, die uns eigentlich zusammengebracht hat. Wir trafen uns durch Zufall vielfach im Stadtwald oder in der Eifel. Zunächst gingen wir getrennte Wege, dann immer öfter zusammen. Er spazierte stets voraus, ich hinterher. So sprachen wir hintereinander miteinander über künstlerische und menschliche Probleme – oft stundenlang. Und dabei sind wir uns nähergekommen. Ich glaube sagen zu können, daß ich für ihn Anregung und Ruhepunkt zugleich war.«

Flüchtig hatten sie sich schon kennengelernt, als Karajan 1934 als Kapellmeister verpflichtet wurde. Da hatte Intendant Dr. Groß nämlich auch die gebürtige Hannoveranerin Elmy Holgerloef vom Staatstheater Meiningen nach Aachen geholt. Aber zum richtigen Kontakt kam es erst beim ersten Krach. Da bereitete der allgewaltige GMD Herbert von Karajan 1936 die Silvester-Premiere vor: »Die Fledermaus« von Johann Strauß. Elmy Holgerloef, die Operettendiva, sang die Rosalinde. Dauernd hatte der Generalmusikdirektor auf den Proben etwas an ihr auszusetzen.

»Seine Perfektionssucht war grenzenlos«, erinnerte sich Elmy von Karajan. »Ich war wütend, so wütend, daß ich ihm den Kram hinschmiß: ›Wenn Ihnen meine Stimme nicht paßt, dann holen Sie sich doch Ihre Opernweiber!‹«

Da entschuldigte sich der »General« plötzlich höflich und lächelnd, ja lächelnd, bei der Holgerloef: »Aber bitt' schön, wenn man so ausschaut wie Sie, dann muß man doch nicht wie ein Opernweib singen können ...«

Typisch für ihn? Ganz sicher nicht. Da war Liebe im Spiel.

»Wir waren verliebt wie die Kinder«, plauderte Elmy von Karajan über ihre Ehe. »Ich hatte einen Mann geheiratet, der für keine Frau der Welt eine Dummheit machen würde, der aber immer aus sich herausging. Wir verstanden uns blendend. Er war außerdem klug, interessant und vielseitig.«

Sie hatte sich zum Ziel gesetzt, den ernsten Herbert lustiger zu machen: »Das gelang auch. Wir haben sehr viel zusammen gealbert und hatten viel Spaß.«

Karajan gab sein möbliertes Zimmer auf und zog zu Elmy in deren Haus am Waldrand etwas von Stadtzentrum entfernt – im Grünen – nach Aachen-Burtscheid, Eupener Straße.

Die Hochzeitsreise ging zu Verwandten von Elmy an den Chiemsee – und zwar im funkelnagelneuen BMW-Sportwagen. Elmy von Karajan: »Wir genossen das Leben in vollen Zügen.«

Das Fröhlichmachen, das Lösen aus der Verbissenheit – das gab ihm den Schub zum Erfolg. Dafür dankte Herbert von Karajan seiner ersten Frau ihr ganzes Leben lang. Regelmäßig telefonierte er mit ihr und bezahlte den Platz im Altersheim. Während sie sich 1982 einmal zwei Wochen ins Aachener Luisenhospital wegen ihres Herzens legen mußte, rief er täglich an. »Er hat mir Mut gemacht«, erzählte Elmy von Karajan, »er hat gesagt ›Mach' mir keinen Kummer, Mädchen!‹ und ›Halt die Ohren steif, damit wir

Elmy von Karajan, geb. Holgerloef (lks.) bei der feierlichen Enthüllung des Karajan-Bronzekopfes im Stadttheater Aachen am 20. Februar 1983. Zwei Monate später starb sie 80jährig. Neben ihr: Generalintendant Manfred Mützel (Mitte), Fabrikant Richard Talbot (r.)

(Foto: Friedhelm Berger)

alle mal wieder zusammen in Urlaub fahren können …‹« Und sie setzte hinzu: »Ich zähle ja, obwohl Karajan bereits zum dritten Mal verheiratet ist, zur Familie. Von seiner ältesten Tochter Isabel bin ich sogar die Patentante.«

Mehr noch: Sie fungierte als Stellvertreterin des Maestro – bei einem Festakt am 20. Februar 1983. Da wurde nämlich Karajans Kopf in Bronze – geschaffen vom österreichischen Bildhauer Hans Baier (Hallein), angekauft für 9000 Mark – durch die Lohmann-Hellenthal-Stiftung der Stadt Aachen feierlich zur Aufstellung im Foyer des Stadttheaters übergeben. »Karajan hat mich am Tag vorher angerufen«, erzählte die alte Dame lebhaft bei einem privaten Essen (»schick französisch«) nach der Zeremonie, »und mich gebeten, zu der Feier zu gehen. Als ich sagte: ›Ich habe keine Lust‹, meinte er: ›Einer von der Familie muß ja da hingehen.‹«

Also ging sie für ihren »Kakajau« (so nannte sie ihn immer) zum Festakt – und machte Skandal!

Denn als der Festredner, Universitätsdozent Dr. Karl Richter (Wuppertal) sich zum Thema »Musiktheater heute« recht ausführlich äußerte, aber nicht ein einziges Mal den Namen Karajan erwähnte, da tönte es plötzlich lebhaft und lautstark aus der ersten Reihe der Festgäste: »Auf Wiedersehen!«, »Karajan!« und »Tschüß!«. Das war die treue Elmy, die sich über den Faux pas des Vortragenden schwarz ärgerte.

Genau acht Wochen nach ihrem Temperamentsausbruch starb Elmy von Karajan am Samstag, dem 16. April 1983, an Herzversagen in Aachen. Als Karajan die Todesnachricht in Salzburg erhielt, sei er »sehr erschüttert, betroffen und von tiefem Bedauern erfüllt« gewesen und habe »sich völlig zurückgezogen«. So meldeten die »Aachener Nachrichten« nach einem Gespräch mit Karajans Salzburger Büro. Zur Trauerfeier wollte er spontan nach Aachen fliegen. Aber der Zeitpunkt am Montag paßte nicht: Ein vertraglich festgesetzter Filmtermin ließ ihn nicht frei … »Der durch Verträge ich Herr, den Verträgen bin ich nun Knecht«, seufzt Wotan in Wagners »Die Walküre«. Ob sich Karajan wohl selbst manchmal als Wotan sieht?

Treue um Treue. Auch das ist nämlich Herbert von Karajan: der Mann, der treu ist (das hat mit seinen Scheidungen nichts zu tun), der Familiensinn hat, der an Menschen festhält, denen er vertraut – der allerdings auch (und das ist schon oft geschehen) unbarmherzig und mit dem Gedächtnis eines Elefanten Menschen fallenläßt, von denen er sich verraten glaubt. Davon wird noch die Rede sein. Beispiele für beides gibt's genug.

Zurück zum Beginn in Aachen. Karajans erste Tat mit dem Vertrag als musikalischer Oberleiter der Oper in der Tasche fand nicht in Aachen statt, sondern – in Salzburg.

Dort gab's zur Festspielzeit 1934 eine millionenschwere, exzentrische Amerikanerin, Mrs. Moulton. Die hatte sich ein Privat-Festival in den Kopf gesetzt – und finanzierte es auch selbst: Die Wiener Philharmoniker spielten. Der erste Teil im Großen Saal des Mozarteums mit der Fantasie für Klavier und Orchester von

Debussy und »La Valse« von Ravel. Der zweite Teil im Freien, auf der Freilichtbühne des Mirabellgartens – der Ballett-Nachwuchs der Wiener Staatsoper (Choreographie: Margarete Wallmann) tanzte »Vorspiel zum Nachmittag eines Faun« von Claude Debussy. Das Ereignis fand am 21. August 1934 statt. Dirigent war der 26jährige Herbert von Karajan, der damit zum ersten Mal in seinem Leben die weltberühmten Wiener Philharmoniker leitete. Nun aber endlich Aachen: Am 18. September 1934 eröffnete Karajan dort die Spielzeit mit einer Neueinstudierung von Beethovens »Fidelio« unter seiner musikalischen Leitung. Der Kritiker Dr. Wilhelm Kemp, auf dessen Votum hin der junge Kapellmeister gegen den Willen des Orchesters engagiert worden war, schrieb in der »Aachener Post«: »Besondere Beachtung verdient selbstverständlich der neue musikalische Oberleiter Herbert von Karajan … In der Probenzeit ist er als peinlich genauer Arbeiter am Werk gewesen. Vom Orchester verlangt er höchste Disziplin des Spiels …« Man hatte »den Eindruck, daß ein berufener Beethoven-Interpret am Werk ist; kein Zuhörer konnte sich der ungeheuren seelischen Spannung, die über dieser Aufführung lag, entziehen.«

Von da an ging es Schlag auf Schlag: »Die Walküre« folgte am 23. Oktober; das erste Orchester-Konzert am 8. Dezember mit Webers Ouvertüre zu »Euryante«, Tschaikowskys Violinkonzert und Brahms' 1. Symphonie wurden von Publikum und Presse bejubelt – besonders bemerkenswert dabei: Karajan war für den dienstlich verhinderten amtierenden Generalmusikdirektor von Aachen, Dr. Peter Raabe, eingesprungen. Als Raabe von dem Erfolg erfuhr, war er neidisch, witterte erbitterte Konkurrenz, zumal es bis dahin noch nie vorgekommen war, daß ein Opernkapellmeister in Aachen überhaupt ein Konzert dirigieren durfte.

Und nun dieser Karajan und sein Erfolg. Raabe, der sich schon hatte zurückziehen wollen, widerrief flugs diese Absicht und wollte bleiben. Karajan wiederum hatte keine Lust, sich auf offenen Kampf einzulassen und liebäugelte wegen einer Generalmusikdirektor-Position mit Karlsruhe. Auch die Charlottenburger Oper in Berlin hatte schon Interesse gezeigt. Da machten die Aachener Stadtväter kurzen Prozeß. Im Bewußtsein der Trümpfe von zwei musikalisch triumphalen Karajan-Premieren (zu Weihnachten 1934 »Der Rosenkavalier« und am 22. Februar 1935 »Tannhäuser«) boten sie dem jungen drahtigen Dirigenten die gleichen

Bedingungen, wie er sie in Karlsruhe bekommen hätte, booteten den doch schon etwas betagten Peter Raabe aus (der bald darauf als Nachfolger von Richard Strauss Präsident der Reichsmusikkammer wurde) und machten Karajan zum Generalmusikdirektor.

»Die Jahre in Aachen waren wohl die schönsten in meinem Leben«, hat Karajan rückblickend wiederholt geäußert. »Ich war Generalmusikdirektor, ich war der Boß!« Und er konnte aufbauen.

Da gab es den hervorragenden Städtischen Gesangverein. Der wurde vom Chordirektor der Oper, Wilhelm Pitz, geschult, einem Mann, der zu den bedeutendsten Chorerziehern dieses Jahrhunderts gezählt werden darf.

Wilhelm Pitz hatte 1913 mit 16 Jahren als Geiger im Orchester unter Fritz Busch angefangen. (Busch hatte am 1. September 1912 als 22jähriger Städtischer Musikdirektor in Aachen sein Amt angetreten). Während seiner Orchestertätigkeit leitete Pitz später ab 1920 den Männergesangverein seines Heimatortes Breinig und ab 1926 den Aachener Männergesangverein »Harmonia«. Sein Ruf als Chorleiter festigte sich so sehr, daß GMD Peter Raabe den Orchestergeiger Pitz am 1. September 1933 zum Städtischen Chordirektor machte, der sowohl den Theaterchor als auch den Städtischen Gesangverein zu leiten hatte.

Pitz also bereitete den »Fidelio«-Chor für Karajan vor, ebenso gründlich wie den »Tannhäuser«-Chor und in der Folge alle großen Chor-Opern von Wagner, sowie Konzerte über Konzerte.

Alfred Beaujean schrieb in »Heimatblätter des Kreises Aachen 1983« zur Würdigung des 1973 verstorbenen Chormeisters Pitz:

> Die Zusammenarbeit eines genial begabten jungen Dirigenten mit einem nicht minder begabten Chordirektor ist einer jener ganz seltenen Glücksfälle im Musikleben einer Stadt, die schließlich zur Legende werden. Die Aufführung des »Requiems« von Verdi war eine Sensation ... Die großen Werke der Chorliteratur, Bachs »Matthäuspassion« und »h-Moll-Messe«, Beethovens »Missa solemnis« und Neunte Symphonie, Haydns »Schöpfung« und »Jahreszeiten«, Brahms' »Deutsches Requiem« – um nur die wichtigsten Standardwerke zu nennen – kamen in Glanzaufführungen zur Darstellung, die späterhin nie mehr übertroffen wurden. Der Ruf des Städtischen Gesangvereins drang bald über die Grenzen der Stadt weit hinaus.

Das Stadttheater Aachen. Hier begann Karajans Aufstieg: Er wurde mit 28 Jahren Generalmusikdirektor (1936), er heiratete (1938) und inszenierte zum ersten Mal selbst (1940, »Die Meistersinger von Nürnberg«). Und er wurde zum zweiten Mal in seinem Leben gekündigt (1941).

(Foto: Friedhelm Berger)

Im April 1936 zog man mit 340 Sängern und Instrumentalisten nach Brüssel, um im »Palais des Beaux Arts« die »h-Moll-Messe« aufzuführen. 1937 folgte an gleicher Stelle eine Aufführung des »Deutschen Requiems« von Brahms und des »Te Deum« von Bruckner, im Februar 1938 eine solche der »Matthäuspassion« von Bach. Sensationserfolge errangen die Aachener im musikverwöhnten Berlin mit Aufführungen des »Deutschen Requiems« und der »Missa solemnis« von Beethoven. Drei Wiedergaben der »h-Moll-Messe« mit dem gesamten Aachener Apparat im Pariser »Palais Chaillot« im Dezember 1940 standen bereits im Zeichen des Krieges und verursachten Karajan späterhin Entnazifizierungsschwierigkeiten.

Pitz war der Mann, der die 300 bis 450 Sängerinnen und Sänger zu äußerster Präzision brachte und die Basis für die Perfektion schuf, die Karajan verlangte.

Karajan hat ihm das gedankt. Er wußte in seinem Innern, daß er ohne Wilhelm Pitz wohl bei weitem nicht die schnelle – vielleicht zu schnelle – Karriere gemacht hätte. Er schätzte den Chordirektor so hoch, daß er ihn für die ersten Richard-Wagner-Festspiele nach dem Krieg 1951 nach Bayreuth empfahl. Das Telegramm Karajans kam am 30. Januar 1951 aus Mailand:

PITZ STADTTHEATER AACHEN
SIE ERHALTEN BALDIGST EINLADUNG ERSTER CHOR-
DIREKTOR BAYREUTHER FESTSPIELE STOP SEIEN
SIE SICH DER VERANTWORTUNG BEWUSST, BESTEN
OPERNCHOR EUROPAS AUFZUBAUEN
GLUECKWUENSCHE   KARAJAN

Das tat Wilhelm Pitz: In Bayreuth baute er den besten Opernchor nicht nur Europas, sondern vielleicht sogar der Welt auf – zwanzig Jahre lang. Während dieser Zeit wurde er auch nach London gerufen, dort schuf er den London Philharmonia Chorus, zu dem er jede Woche einmal reiste. Und Karajan holte ihn während der Zeit seiner Operndirektion in Wien zu Choreinstudierungen an die Staatsoper (»Fidelio«, »Tannhäuser« u.a.). In Wien passierte es allerdings auch, daß Schatten auf das Verhältnis Karajans zu Pitz fielen.

Von Karajans Treuebegriff ist die Rede gewesen. Er engt ihn gern zur Nibelungentreue ein. Und wenn jemand ihm zuliebe nicht als unbedingt ergebener Vasall Verträge brechen will, nimmt der Maestro übel.

So geschah es, als Karajan im Frühjahr 1964 wütend die Direktion der Wiener Staatsoper hinschmiß. Das berühmt gewordene Zitat seines engsten Vertrauten und Sekretärs, André von Mattoni, ist überliefert: »Mit Österreich sind wir fertig!«

Und so schildert Alfred Beaujean die Vorgänge in »Heimatblätter«:

Der Dirigent hatte Pitz für seine Wiener Einstudierung des »Lohengrin« geholt. Die Arbeit war bereits weit vorgeschrit-
ten, als es zu jener sensationellen Demission Karajans als Chef

LES SOIRÉES DE BRUXELLES
1 9 3 6

PALAIS DES BEAUX-ARTS
(GRANDE SALLE)

Dimanche 26 Avril 1936, à 15 heures

EXÉCUTION DE LA

Messe en Si Mineur

pour soli, chœurs mixtes et orchestre

DE

JEAN-SÉBASTIEN BACH

AVEC LE CONCOURS DE

MM^{mes} Hélène Fahrni, soprano; Gertrude Pitzinger, contralto;
MM. Heinz Marten, ténor; Gunter Baum, basse

ET DE

M. HANS KLOTZ, organiste

Le Städtische Gesang Verein (Directeur : W. PITZ)
Le Städtische Orchester d'Aix-la-Chapelle

SOUS LA DIRECTION DE MONSIEUR

HERBERT von KARAJAN

Clavecin PLEYEL de la Maison Vriamont

Zu den Glanzaufführungen von Aachen im Ausland gehörte schon 1936
die h-Moll-Messe von Bach mit Karajan und Pitz in Brüssel.

der Wiener Staatsoper kam, Frühjahr 1964. Karajan verließ
grollend Wien, und Karl Böhm übernahm den geplanten »Lohengrin«, Pitz bittend, ihn in dieser Situation nicht im Stich zu
lassen. Da Pitz, der einen Gastvertrag mit der Wiener Oper für
die Produktion besaß, keine Veranlassung sah, kontraktbrü-
chig zu werden, führte er die Arbeit mit Böhm – und dem als
Regisseur gewonnenen Wieland Wagner – zu Ende. Karajan
hat ihm das nie verziehen, er erwartete offenbar Nibelungentreue. Ein mit dem Londoner Philharmonie-Chor für das Frühjahr 1966 geplantes Konzert sagte er ab.

Auch hier: Karajan konnte sich von der Mauer, die er gebaut hatte, nicht mehr lösen. Er war der Gefangene seines Elefanten-Gedächtnisses.

Das Schicksal des genialen Chormeisters Pitz war tragisch: Kurz vor den Bayreuther Festspielen 1971, die er schon vorbereitet hatte, erlitt er einen Schlaganfall, der das Sprechzentrum lähmte. Am 21. November 1973 erlöste der Tod den Mann von seinem Leiden, dem Herbert von Karajan gewiß zu einem großen Teil den ersten Start in seine Karriere verdankt, die ihn von Aachen aus berühmt werden ließ.

Aachen – das war nicht nur Arbeit und Ehrgeiz. Das war auch, offenbar im Gegensatz zu Ulm, menschliche Kontaktaufnahme. Da waren die Spaziergänge, die ihn mit Elmy Holgerloef zusammenbrachten. Da waren ausgedehnte Wanderausflüge mit dem Chor, mittendrin der Generalmusikdirektor in Pullover und Windjacke. Oder es gab während eines Ausflugs am 1. Mai 1937 mit dem Orchester ein flottes Preiskegeln. Dabei wurde der »General« bloß Dritter, sein Chordirektor Pitz Zweiter und der Erste Geiger Willy Wesemann (der sich 1978 daran noch deutlich erinnerte) Erster. Oder Karajan flirtete mit jungen Damen im Freibad, am Fluß. Auch das gesellschaftliche Leben wurde damals nicht verachtet. Von dieser Zeit rührte die enge Freundschaft zur Aachener Industriellen-Familie Talbot (Waggon-Fabrik) her. Jedesmal, wenn Karajan die Kaiserstadt besuchte, wohnte er als Gast bei den Talbots, weit über vier Jahrzehnte lang.

Um sein Pensum zu bewältigen, teilte sich Herbert von Karajan bereits damals seine Zeit ganz genau ein, so daß die Arbeit nie zu kurz kam. Wie in Ulm stand er frühzeitig auf – in Aachen täglich um vier, fünf Uhr früh –, dann begann er, sich Opernpartituren einzuprägen und Konzertwerke auswendig zu lernen, bis es Zeit war, ins Theater zur Probe zu gehen.

Mit Zweitrangigem gab er sich nicht zufrieden – nie! So hatte ihn Dr. Erwin Kerber, der Direktor der Wiener Staatsoper, auf Veranlassung von Bruno Walter zu einem Gastspiel-Dirigat von »Tristan und Isolde« eingeladen. Stolz und freudig erregt, in dem Haus

Die beiden »Meistersinger« 1951 in Bayreuth: Wilhelm Pitz, Chordirektor der Wagner-Festspiele, Herbert von Karajan, Dirigent von »Die Meistersinger von Nürnberg«.   (Foto: Bildarchiv Bayreuther Festspiele) ▷

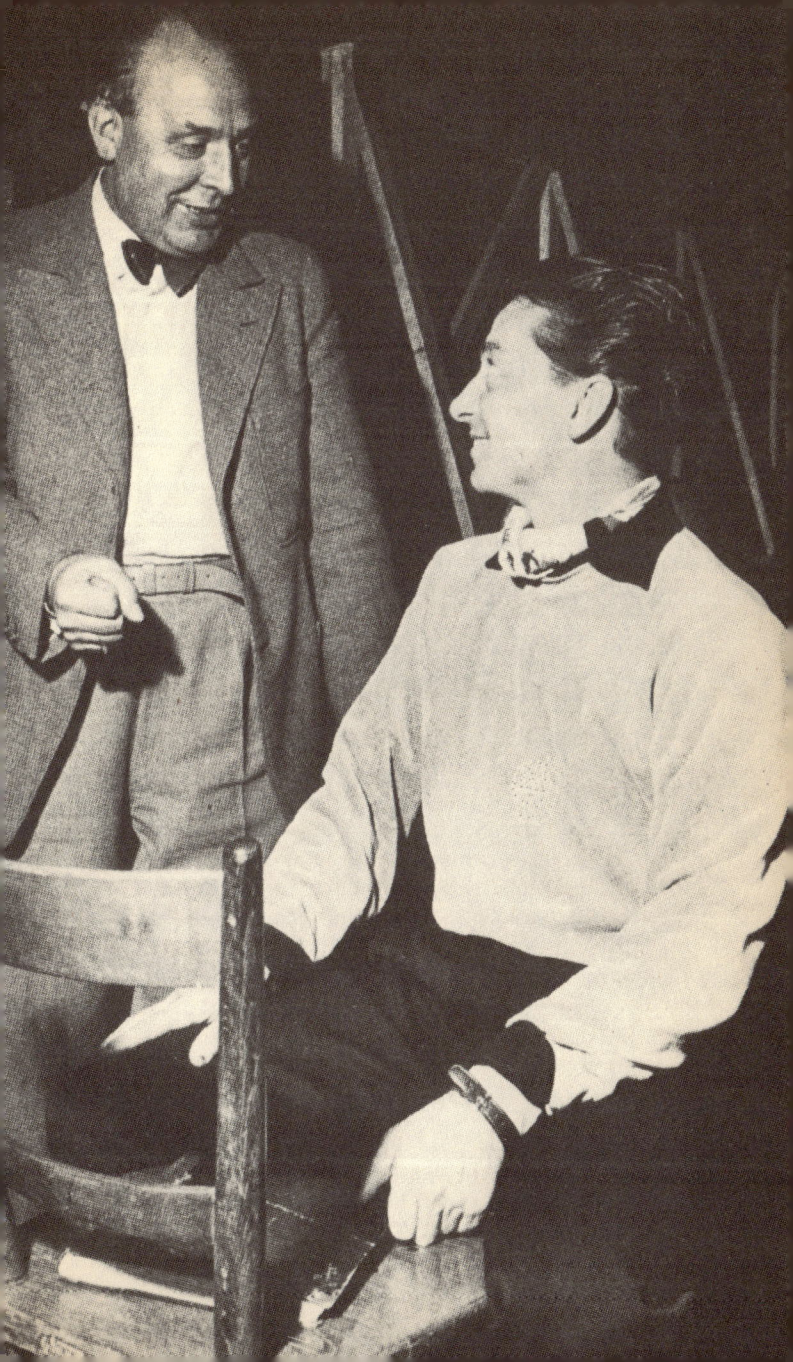

dirigieren zu dürfen, an dem er als Student so viel gelernt hatte, sagte Karajan zu. Bald aber war er entsetzt: Zwar wurde die Vorstellung am 1. Juni 1937 zum Triumph für ihn. Das spiegelte sich in Lobeshymnen der Presse. Aber die Bedingungen, unter denen dieser »Tristan« zustande kam, waren nicht nach Karajans Geschmack gewesen. Man hatte ihm eine Orchesterprobe mit dem Ensemble zugesagt – die wurde kurzerhand wegen anderweitiger Umbesetzungsproben gestrichen. Und in der Ensemble-Probe mit Klavier gab die Sängerin der »Isolde«, die arrivierte Anny Konetzni, nur andeutungsweise ein paar markierte Töne und Wörter von sich, paßte im übrigen nicht auf, sondern las Privatbriefe, die sie gerade am Bühneneingang vom Pförtner in Empfang genommen hatte. Demnach fand Karajans Debut in Wien sozusagen ohne Probe statt.

Unmittelbar nach der »Tristan«-Vorstellung wollte Dr. Kerber den 29jährigen Karajan als Kapellmeister an die Staatsoper Wien verpflichten. Der selbstbewußte blutjunge GMD lehnte ab: Er ahnte, daß da nur eine zweite oder dritte Position herauskommen würde. Nein, danke!. Lieber die Nummer Eins in Aachen, der Beste, der Boß sein, als unter »ferner liefen« in Wien. Nicht das Prestige der Wiener Staatsoper zählte für Karajan, sondern die fruchtbare künstlerische Arbeit, die er selbst zu bestimmen und zu verantworten hatte.

In diesem Jahr fragte auch der Intendant des Berliner Philharmonischen Orchesters, Hans von Benda, bei Karajan an, ob er ein Konzert »bei uns in Berlin« dirigieren wolle. Karajan fragte: »Wieviel Proben?« Antwort: »Keine.« Karajan lehnte das – immerhin für einen aufsteigenden Dirigenten verlockende – Angebot rundweg ab. Keine Kompromisse mehr! Aus dem Wiener Erlebnis hatte er gelernt.

Aber im Jahr darauf war die Zeit reif: 1938 wurde sein Glücksjahr. Das begann mit den Berliner Philharmonikern. Ihm waren ausreichende Proben zugestanden worden. Und so hatte Karajan für ein von ihm selbst ausgesuchtes Programm zugesagt: die Haffner-Symphonie von Mozart, »Daphnis und Chloe« von Ravel, Brahms' Vierte Symphonie.

Wilhelm Pitz bei den Proben zu den »Meistersingern« 1951 in Bayreuth. ▷
(Foto: Bildarchiv Bayreuther Festspiele)

Als Karajan die Disposition für die erste Probe bekanntgab, war das berühmte Orchester entsetzt: Der bis dahin noch weitgehend unbekannte Dirigent verlangte als erstes »Streicher allein« eine halbe Stunde, dann »Bläser allein« usw. »Wir kennen aber doch die Stücke«, kam der Protest. Den wischte Karajan fein lächelnd weg: »Das werden wir sehen!« Und dann suchte er die schwierigsten Stellen raus und übte mit den Instrumentengruppen so scharf, daß die zuerst knurrenden Musiker schließlich selbst überzeugt waren, daß sie noch etwas dazuzulernen hatten.

»Die erste Probe, das war«, so sagte Herbert von Karajan in einem »Stern«-Interview, »wie der Blitz, wie bei einer Frau, ohne die man nicht mehr leben kann.« Und zu Haeusserman: »Ich liebte das Orchester vom ersten Moment an, wo ich es in der Hand hatte.«

Der Erfolg des Konzertes am 8. April 1938 (drei Tage nach Karajans 30. Geburtstag) war überwältigend. Robert Oboussier, Musikkritiker der »Deutschen Allgemeinen Zeitung«, schrieb am 9. April:

Ein für Berlin bisher fremder Name gewann über Nacht lebendigen Klang: Herbert von Karajan. Der junge Aachener Generalmusikdirektor hat sich das Publikum der Philharmonie im Sturm erobert. Schon jetzt stellt sich Karajan als völlig eigenständige, scharf umrissene Persönlichkeit dar: als eine elementare Leidenschaft des musikalischen Erlebens.

Karajan ist ein ausgesprochen moderner Dirigent. Er sucht den klaren Aufbau einer strengen, in sich ruhenden Form. Aber dieses Darstellen der Gestalt im herben Abstandnehmen von sich selbst ist durchglüht von der Leidenschaft des Aufgehens im Werk. Im blühenden Klang durchdringen sich Geist und Sinnlichkeit im schönsten Gleichgewicht. Mit geschlossenen Augen stellt Karajan das innerlich erschaute Bild aus sich heraus. Seine geschmeidige Gestalt ist aufs Äußerste angespannt. Energiegeladene, knappe Bewegungen der taktierenden Rechten ergänzen die freie und gelöst sich gebende Profilierung durch die Linke.

Die Leistung des Abends schlug geradezu wie eine Bombe ein. Das Publikum feierte den jungen Dirigenten mit einer Begeisterung, die im Erkennen seines Ranges zugleich auch eine nicht mehr verrückbare Forderung aufstellte.

Operntheater

Im Abonnement   **Dienstag den 1. Juni 1937**   I. Gruppe

☞ **Anfang 6½ Uhr** ☜

Tristan und Isolde

von Richard Wagner
Handlung in drei Aufzügen

Spielleitung: Hans Duhan   Dirigent: • • •

Tristan	Josef Kalenberg
König Marke	Alexander Kipnis
Isolde	Anny Konetzni
Kurwenal	Fred Destal
Melot	Hans Duhan
Brangäne	Enid Szantho
Ein Hirt	Hermann Gallos
Ein Steuermann	Karl Ettl
Stimme des Seemannes	Anton Dermota

Schiffsvolk, Ritter und Knappen

Schauplatz der Handlung: Erster Aufzug: Auf dem Verdeck von Tristans Schiff, während der Überfahrt von Irland nach Kornwall — Zweiter Aufzug: In der königlichen Burg Markes in Kornwall — Dritter Aufzug: Tristans Burg in Bretagne

• • • Dirigent: Generalmusikdirektor **Herbert von Karajan**, Stadttheater Aachen, a. G.

Nach jedem Aufzuge eine größere Pause

Das offizielle Programm nur bei den Billetteuren erhältlich. Preis 50 Groschen — Garderobe frei

Kassen-Eröffnung vor **6 Uhr**   Anfang 6¼ Uhr   Ende nach **11 Uhr**

Während der Vorspiele und der Akte bleiben die Saaltüren zum Parkett, Parterre und den Galerien geschlossen. Zuspätkommende können daher nur während der Pausen Einlaß finden.

Telephonische Bestellungen von Sitzen, R-28-320 (ausgenommen Säulensitze) zum Preise von S 4.— aufwärts werden für folgende Vorstellungen entgegengenommen.

Der Kartenverkauf findet heute statt für obige Vorstellung und für
Mittwoch   den   2. Tosca. Im Abonnement I. Gruppe (Anfang 7½ Uhr)
Donnerstag den   3. Oberon. Dirigent: **Bruno Walter** a. G. (Anfang 7 Uhr)

Weiterer Spielplan:
Freitag   den   4. Der Barbier von Sevilla. Bei aufgehobenem Abonnement. Kein Kartenverkauf (Anfang 7½ Uhr)
Samstag   den   5. Der fliegende Holländer. Im Abonnement I. Gruppe (Anfang 7½ Uhr)
Sonntag   den   6. Der Schmuck der Madonna. Dirigent: Generalmusikdirektor **Hans Knappertsbusch** a. G. Im Abonnement (Anfang 7½ Uhr)
Montag   den   7. Elektra, Dirigent: Generalmusikdirektor **Hans Knappertsbusch** a. G. Theatergemeinde Serie C, rote Mitgliedskarten (Anfang ☞ 8 ☜ Uhr)

Kartenverkauf für alle Bundestheater (Burg-, Opern- und Akademie-Theater) an den Tageskassen: I. Bräunerstraße 14, an Werktagen von 9—18 Uhr, an Sonn- und Feiertagen von 9—17 Uhr und an der Abendkassa vor Vorstellungstage. Telephonische Bestellungen von Sitzen (ausgenommen Säulensitze) zum Preise von S 4.— aufwärts ausschließlich unter der Telephonnummer R-28-3-20 von 9—18 Uhr.

Triumph ohne Folgen: Karajans Operngastspiel in Wien am 1. Juni 1937.

Der Name »Karajan« bekam über Nacht einen Klang, der den damaligen Chef des Berliner Philharmonischen Orchesters, Wilhelm Furtwängler, mißtrauisch machte. Er ließ sich nicht gern von einem 22 Jahre jüngeren Mann aus der Provinz die Butter vom Brot nehmen, wie es in den anderen Kritiken auch schon anklang. Ein zweites Konzert für die NS-Gemeinschaft »Kraft durch Freude« in der Deutschen Arbeitsfront folgte am 27. September mit der 6. Symphonie von Sibelius, dem Violincellokonzert von Haydn und der 5. Symphonie von Beethoven. (Bis 1942 leitete Karajan die Berliner Philharmoniker noch mehrfach trotz der Rivalität mit Furtwängler – und er machte mit ihnen die ersten Schallplatten).

Das Glücksjahr 1938 nahm seinen Fortgang. Nicht allein, daß er Elmy, die Fröhliche, geheiratet hatte und zu ihr »in eine Oase der Ruhe und des Friedens« zog. Nicht allein, daß er im Jahr ungefähr 150 mal umjubelt am Aachener Pult stand. Nicht allein, daß er das Orchester dort von 52 auf 80 Musiker vergrößern konnte (Anm.: 1984 waren es wieder nur 66 Musiker). Jetzt forderte ihn auch die Berliner Staatsoper zu Gastspielen auf, genauer gesagt: Der Generalintendant der Berliner Staatstheater, Dr. Heinz Tietjen, selbst Dirigent und Regisseur, darüber hinaus auch Leiter der Bayreuther Festspiele, tat das. Dieser Tietjen galt als »graue Eminenz«. Er trat in persona so wenig in Erscheinung, daß die Berliner die Frage kolportierten: »Hat Tietjen je jelebt?«

Bezeichnend für Karajan, daß er durchaus nicht vor dem allmächtigen Lenker Tietjen auf die Knie fiel. Im Gegenteil: Er ließ ihn abblitzen – was Tietjen begreiflicherweise verblüffte und neugierig machte.

Das war geschehen: Tietjen bot Karajan die Uraufführung von Rudolf Wagner-Régenys Oper »Die Bürger von Calais« an, und zwar mittels eines von seinem Büro ausgefertigten und »i. A.« unterschriebenen Briefes.

Karajan ließ durch einen Brief seines »persönlichen Referenten« mit der Bitte um vorherige Übersendung der Partitur bitten. Nachdem er die studiert hatte, stellte er seine Bedingungen: Das Werk sei ja unbekannt. Danach könne ihn – Karajan – keiner beurteilen. Um sich selbst also dem Berliner Publikum vorzustellen, wolle er zuvor drei (!) Opern mit den entsprechenden Proben dirigieren: »Fidelio«, »Tristan«, »Meistersinger«.

Darauf wieder Tietjen »i. A.«: Das ginge nicht. Ein Dirigent von

Opern, die unter Tietjens persönlicher Einstudierung und Leitung
stünden, kämen nicht in Frage. Dagegen stünde »Carmen« in
bester Besetzung zur Disposition.

Diese »beste« Besetzung lehnte Karajan ab und teilte Tietjen mit,
daß »ich zu meinem größten Bedauern auf dieses Gastspiel ver-
zichten muß«.

So was war Tietjen, dem Allmächtigen, noch nicht passiert. Dieser
selbstbewußte Karajan reizte ihn nun doch. Er bot ihm »Tannhäuser« an. Aber Karajan bestand hartnäckig auf »Fidelio«, »Tristan«
und »Meistersinger«. Da gab Tietjen nach – und am 30. September 1938 dirigierte Karajan mit »Fidelio« zum ersten Mal in der
Berliner Staatsoper. Drei Wochen darauf, am 21. Oktober 1938 –
das zur Legende gewordene Gastspiel »Tristan und Isolde«. Am
nächsten Tag erschien in der »B.Z. am Mittag« die berühmte
»Wunder«-Kritik von Edmund van der Nüll:

Die »Wunder«-Kritik

Tietjens großer Griff

In der Staatsoper: Das Wunder Karajan
Ovationen für den Dirigenten des „Tristan"

Gestern Abend dirigierte Herbert von Karajan, der dreißigjährige Aachener Generalmusikdirektor, seine zweite Aufführung als
Gast der Staatsoper. Er hatte mit Wagners schwerstem Werk „Tristan und Isolde" einen Erfolg, der ihn in eine Reihe stellt mit
Furtwängler und de Sabata, den größten Operndirigenten, die zur Zeit in Deutschland zu hören sind.

Gestern abend dirigierte Herbert von Karajan, der dreißigjährige Aachener Generalmusikdirektor, seine zweite Aufführung
als Gast der Staatsoper. Er hatte mit Wagners schwerstem
Werk »Tristan und Isolde« einen Erfolg, der ihn in eine Reihe
stellt mit Furtwängler und de Sabata, den größten Operndirigenten, die zur Zeit in Deutschland zu hören sind.

So war es. Als Karajan am Pult erschien, rührte sich, genau wie
neulich beim »Fidelio«, keine Hand. Zu Beginn des zweiten
Aktes zuckte der Beifall wie ein Peitschenschlag durch das Haus
in dem Augenblick, wo Karajan den Orchesterraum betrat. Vor
dem dritten Akt tönte es aus allen Ecken »Bravo!«. Am Schluß
wurden die Sänger gefeiert. Die Rufe nach Karajan mehrten
sich. Sobald er vor dem Vorhang erschien, bereitete man ihm
eine Serie von Ovationen. Noch deutlicher als kürzlich beim
»Fidelio«, womit Karajan zum erstenmal vor das Staatstheater-
Publikum trat, gab das Haus zu erkennen, daß es gut und böse
zu unterscheiden versteht.

Das ist der äußere Rahmen. Vom künstlerischen Gesicht des Abends zu sprechen, fällt schwer. Die Tragweite dieser Ereignisse läßt sich in der Eile einer frühen Morgenstunde noch gar nicht abschätzen. Rundheraus gesagt: Wir stehen vor einem Wunder. Dieser Mann ist die größte Dirigentensensation des Jahrhunderts. Mit dreißig Jahren war es keinem, der unsere Jahrzehnte kreuzte, vergönnt, einen sachlichen und persönlichen Triumph dieses Niveaus zu feiern.

Das erste Wort des Dankes gilt dem, der Karajan die große Chance gegeben hat: Generalintendant Heinz Tietjen. Mit welchem Elan sich dieser Mann über alle bürokratischen und verwaltungstechnischen Bedenken hinweggesetzt hat, um Karajan an die Arbeit zu lassen, ist dem Schreiber dieser Zeilen nur zu gut bekannt. Der gestrige Abend dürfte dem großen Künstler und Organisator Tietjen eine doppelte Genugtuung gebracht haben.

1. Hat er einen kongenialen Partner für seine Inszenierungen an der Lindenoper gefunden;

2. hat sich die jahrelange Wartezeit, die Ausdauer, mit der Tietjen naheliegenden Kompromißlösungen widerstand, auf das herrlichste belohnt.

Das ist der Mann, der heute schon alle Wünsche befriedigt, die man an einen Dirigenten von Weltrang stellen muß. Es hat nach dem gestrigen Abend keinen Sinn mehr, damit länger hinter dem Berg zu halten. Karajan hat zwei außergewöhnliche Konzerte mit den Philharmonikern absolviert. Karajan hat diesen Eindruck mit seinem Debut in der Staatsoper vor drei Wochen übertroffen. Was er gestern zeigte, grenzt ans Unbegreifliche.

Ein Mensch von dreißig Jahren stellt eine Leistung hin, um die ihn unsere großen Fünfzigjährigen mit Recht beneiden dürfen. Er dirigierte eine Partitur wie den »Tristan« auswendig. Er tut das mit einer Souveränität, die einfach unheimlich ist. Den komplizierten Apparat einer Opernaufführung meistert er so selbstverständlich, als ob es sich nur darum handelte, ein Kinderlied zu singen.

Nicht möglich, ihn in geläufige Vorstellungen einzuordnen. Er

Wilhelm Furtwängler ▷

ist weder Rhythmiker, noch auf Klang spezialisiert, weder typisch Operndirigent noch Sinfoniker: er ist alles in einem. Allein das eine sagt dem Wissenden, was los ist: wie er den psychologisch bedingten Decreszendostil des »Tristan«, dieses ewig unerfüllte und unerfüllbare Sich-Aufbäumen erfaßte und durchführte, das brachte einen aus dem Staunen nicht heraus. Karajan ist ein Geschenk. Ich glaube, er weiß genau, was er wert ist. Um ihn werden sich in Kürze die Opern-Metropolen der Welt reißen. Darum eine Bitte, eine ganz dringende: Er schone sich, man schone ihn. Solch kostbares Gut muß behütet werden. Ich habe ihm ins Gesicht sehen können, wie er neulich den »Fidelio« dirigierte. Es war ein Gesicht, von dem der heilige Ernst für die Sache ausging, ein Gesicht, das äußerste Konzentration und besessenes Künstlertum ausdrückte. Er bleibe sich selber treu.

Gestern habe ich in diesen Spalten begeisterte Worte über den genialen französischen Pianisten Casadesus geschrieben. Heute verbinde ich mit der Begeisterung mehr: Karajan ist einer der Unseren; er stammt aus dem Salzburgischen, daher, wo die Musik zu Hause ist. Es ist eine große Freude, zu wissen, daß dieser Künstler, ein deutscher Künstler, da ist.

Wenig später raunte man sich zu, diese Jubelkritik sei gelenkt gewesen, um dem großen Furtwängler, der sich 1935 von allen Ämtern zurückgezogen hatte und auch an der Staatsoper nur noch selten gastweise in Erscheinung trat, eins auszuwischen. Die Staatsoper nämlich unterstand dem Preußischen Ministerpräsidenten Hermann Göring, während alles übrige auf das Kommando des Ministers für Kultur und Propaganda, Joseph Goebbels, zu hören hatte. Goebbels notierte denn auch mehrfach in sein Tagebuch: »Krach Furtwängler-Karajan – ich stelle das ab« und so ähnlich. Karajan selbst hat lange nach dem Ende des Nazi-Reichs unwillig verlauten lassen, die Sache mit dem »Wunder« sei völliger Unsinn gewesen, die Nüll-Kritik habe ihm »entsetzlich« geschadet und dergleichen mehr. Fest steht, daß van der Nüll von seiten des Propaganda-Ministeriums einen Rüffel bekam, bald danach von seinem Posten als Feuilleton-Redakteur der »B.Z.« abgelöst, nach Kriegsbeginn zur Wehrmacht eingezogen wurde und im Krieg verschollen ist.

Noch ein Glück wurde Karajan 1938 in Berlin zuteil: Tietjen hatte ihm schon nach dem »Fidelio«-Gastspiel angeboten, mit Gustaf Gründgens als Regisseur Mozarts »Die Zauberflöte« zu machen. Die Premiere fand am 18. Dezember 1938 statt. Die Aufführung: Gründgens »entdeckte das elementare Theater...unendlich Lichtes, Schwebendes, Duftiges... (Karajan) geht mit Gründgens eine ungewöhnliche Bundesgenossenschaft ein. Er übernimmt das Leichte, Schwebende in den Klang« – so schreibt ein Kritiker.

Diese »Zauberflöte« geht in die Theatergeschichte ein als ein unwiederholbares, ewig singuläres Ereignis. Für Karajan ist Gründgens ein idealer Regie-Partner, wie er ihn kaum wieder finden wird. Nach dieser »Zauberflöte« genügt ihm selten ein fremder Regisseur mehr. Deshalb beginnt er – zunächst in Aachen – seine Operneinstudierungen auch selbst szenisch als sein eigener Regisseur auf die Bühne zu bringen: das erste Mal sehr zum Erstaunen der Aachener zur Eröffnung der Spielzeit 1940/41. Später wird er immer wieder seine eigenen Regie-Ambitionen, die oft heftig kritisiert werden (»er kann zwar dirigieren, aber er ist kein Regisseur!«), verteidigen: »Es gibt niemanden, der das, was ich musikalisch fühle, auf der Bühne adäquat umsetzen kann – sei es in Farben, im Ausdruck der Szene, in Gesten und Gängen. Also muß ich es selber machen!« Von Gründgens (ebenso übrigens wie von Max Reinhart in Salzburg) habe er, Karajan, jedenfalls sehr viel gelernt.

In Berlin fand dann am 28. Januar 1939 auch die Uraufführung der Wagner-Régeny-Oper »Die Bürger von Calais« statt, die es allerdings nur auf sechs Vorstellungen brachte – eine »Unbedeutung«, die Karajan schon beim ersten Angebot von Tietjen vorausgesehen hatte.

Zwei Ereignisse markieren das Jahr 1939 für Karajan deutlicher:

1. Er wird mit der Durchführung der Symphonie-Konzerte der Preußischen Staatskapelle (somit des Staatsopernorchesters) beauftragt. Damit wird die Konkurrenz zu Wilhelm Furtwängler und seinem Berliner Philharmonischen Orchester verschärft.

2. Am 20. April 1939 wird Karajan auf Vorschlag von Goebbels durch Hitler (zu dessen 50. Geburtstag) zum Staatskapellmeister in Berlin ernannt.

Doch Karajan wollte doch sein Aachen nicht ganz im Stich lassen!

Und so – typisch für ihn – spaltete er sich: 14 Tage Berlin, 14 Tage Aachen. Das versprach er den Aachenern in einer offiziellen Erklärung:

Meine gestern erfolgte Berufung nehme ich zum Anlaß, der Öffentlichkeit einige Worte über meine bisherige und zukünftige Tätigkeit zu sagen. Die unerhört große Anteilnahme, die mir das Publikum vom ersten Tag an entgegenbrachte und die dadurch einen Aufschwung und einen Ausbau im Musikleben Aachens von diesen Ausmaßen möglich machte, war für mich der Hauptgrund, bei meiner Entscheidung einen Weg zu suchen, der es mir ermöglichte, beiden Verpflichtungen gerecht zu werden. Durch das besondere Entgegenkommen des Herrn Oberbürgermeisters ist dieser Weg gefunden worden, und zwar so, daß ich vom nächsten Jahr ab je vierzehn Tage in Berlin und Aachen abwechselnd tätig sein werden. Ich werde in dieser Eigenschaft den Konzertbetrieb Aachens in vollem Umfang beibehalten, genauso wie ich die künstlerisch wichtigsten Opern selbst einstudieren und dirigieren werde.
Eine meiner wichtigsten Aufgaben werde ich besonders ins Auge fassen, nämlich die Pflege und den weiteren Ausbau des Städtischen Gesangvereins, dieses einzigartigen Klangapparates, dessen Leistungen und dessen Verbundenheit mit mir wohl eines der stärksten Momente für mein Hierbleiben waren.
Das Städtische Orchester, das nach wie vor der Grundpfeiler meiner bisherigen Tätigkeit sein wird, hat vom ersten Tage meines Wirkens in Aachen an mit restloser Hingabe die Verwirklichung meiner künstlerischen Absichten ermöglicht. Es ist mir ein Bedürfnis, einmal in aller Öffentlichkeit ihm meinen herzlichen Dank dafür zu sagen.
So hoffe ich, daß meine Berufung nach Berlin, an dieses wunderbare Institut, die mich mit größtem Glück und Stolz erfüllt, sich in harmonischer Weise mit meiner Arbeit in Aachen verbinden läßt.

Ein frommer Wunsch. Ehrlich gemeint hat ihn Herbert von Karajan ganz sicher. Aber jetzt begann das, was unter den geflügelten Worten »Karajan hier – Karajan da« den ersten Höhepunkt erreichen sollte: die Hetzerei.

»Elektra«-Premiere am 18. Februar 1940 an der Berliner Staatsoper. Richard Strauss (Mitte) hatte im Jahr zuvor, am 11. Juni 1939, seinen 75. Geburtstag gefeiert. Diese Aufführung, inszeniert von Generalintendant Heinz Tietjen (rechts), dirigiert von Herbert von Karajan, war ein etwas verspätetes Jubiläumsgeschenk für den Komponisten.

Klar, daß sie zum Streß führte. Wie Karajan das »Pendeln« bewältigte? Wie er den Streß bekämpfte? Er sah eines Tages in einem Berliner Schaufenster ein Buch mit dem Titel »Ist Yoga für dich?« Das kaufte er sofort und verschlang den Inhalt im Linienflugzeug von Berlin nach Köln.

Am nächsten Tag begann er morgens um sechs Uhr mit den Übungen – Atmen, Konzentrieren, Meditieren – und hat diese

Gewohnheit bis auf den heutigen Tag nicht aufgegeben. Damit hielt und hält er sich fit.

Als im Krieg – 1940 – der innerdeutsche Flugverkehr radikal eingeschränkt wurde, bewältigte er die 600 Kilometer lange Strecke Aachen–Berlin – auch hier recht karajanisch – oft auf einem schnellen Motorrad. Darüber ging die Ehe mit der fröhlichen Elmy in die Brüche, klaglos, wie sie sagte. Erst war es eine »Trennung ohne Tränen«. Denn, so Elmy von Karajan, »ein neuer Abschnitt im Leben Karajans begann sich abzuzeichnen. Und um unbeschwerter dem Beruf nachgehen zu können, waren Karajan und ich übereingekommen, uns im guten Einvernehmen – wie es so schön heißt – zu trennen.«

Die Scheidung erfolgt 1941 – drei Jahre nach der Hochzeit. Elmy, die Operettendiva, die ihre Karriere dem Genie Karajan, dem geliebten »Kakajau« geopfert hatte, kehrte danach auch wieder auf die Bühne zurück: »Ich übernahm die Titelpartie in der Operette ›Manina‹ von Nico Dostal – in Berlin!«

Rückblickend hat sie viele Jahrzehnte später gesagt: »Ich habe nie bereut, Karajan geheiratet zu haben, und habe noch weniger bereut, mich scheiden zu lassen. Wir haben uns eine echte Freundschaft erhalten, weil wir voreinander nie Theater gespielt haben. Ja, ich liebe Herbert von Karajan immer noch. Darum habe ich seinen Namen beibehalten.«

Auf die Frage, warum sie eigentlich nach der Scheidung nicht noch einmal geheiratet habe, antwortete die 82jährige Elmy von Karajan kurz vor ihrem Tod wie aus der Pistole geschossen: »Ich hatte die Schnauze von den Männern voll!«

In Berlin lief für Karajan nicht alles so glatt, wie er sich das vorgestellt hatte. Da war eine »Meistersinger«-Vorstellung im Jahr 1940. Hitler thronte in der »Führerloge«. Karajan dirigierte – wie immer – auswendig. Im zweiten Akt geschah es: Der Sänger des »Hans Sachs«, Kammersänger Rudolf Bockelmann, hatte vorher wohl etwas zu tief ins Glas geschaut, er war schlicht betrunken. Und da warf er die Strophen des Schusterliedes durcheinander – er sprang von der ersten in die dritte Strophe. Da paßte nun nichts mehr, zumal sich Karajan auch noch »verschlagen hatte« (dies hat er in den 60er Jahren einmal seinem Oberspielleiter, dem späteren Generalintendanten von Dortmund, Paul Hager, gestanden). Immerhin gelang es dem Staatskapellmeister dennoch durch Zurufe und geistesgegenwärtige Winke, das angehende Tohuwabohu wieder einzufangen. Aber Hitler schnaubte in Verkennung der wirklichen Vorgänge wütend: »Der junge österreichische Fant soll gefälligst nach Noten dirigieren.« Und er entzog ihm die Führer-Gnade. Nota bene: Hätte Karajan nach der Partitur dirigiert, wäre er nach dem Schmiß des »Sachs« gar nicht so schnell mit dem Weiterblättern nachgekommen.

Übrigens: Der unfehlbare Karajan soll sich verschlagen haben? Das heißt: einen falschen Einsatz gegeben haben? Ja, auch ein Karajan kann sich mal irren, er ist auch nur ein Mensch, Gott sei Dank. Dazu sei eine kurze Geschichte erwähnt, die der berühmte Geiger Nathan Milstein dem Schweizer Robert C. Bachmann bestätigt hat (s. »Große Interpreten im Gespräch«, dtv, 1976). Bachmann erlebte, wie Milstein im Oktober 1966 nach 33jähriger Abwesenheit erstmals wieder in Deutschland spielte – in Berlin, in der Philharmonie, das Violinkonzert von Brahms.

Bachmann: »In diesem Brahms-Konzert sah ich zum erstenmal Karajan einen falschen Einsatz geben. Die Verblüffung, die dieser vorzeitige, um einen Takt verfrühte, mit typisch Karajanscher Effektgebärde gegebene Einsatz...bei Milstein und dem Orchester hervorrief, werde ich genauso wenig vergessen wie Milsteins beseeltes Geigenspiel. Milstein selbst erinnerte sich daran: ›Für einen Moment war ich wie geschockt. Was wird jetzt passieren, dachte ich. Denn mein Einsatz war zwölf Takte später. Aber das Orchester spielte weiter, als wäre nichts geschehen. Es ließ sich kaum irritieren. Das ist Karajan wohl passiert, weil er keine Ruhe hatte. Aber an dieser Stelle (Anm.: an der Fortestelle der Exposition) muß man warten können‹.«

Trotz aller Versprechungen an die Aachener konzentrierte sich Karajans Dirigiertätigkeit mehr und mehr auf Berlin. Mit Aachen kam es im März 1941 zum Bruch, weil Karajan nach Meinung des neuen Intendanten Otto Kirchner einfach zu wenig da war. Und als Karajan mal mit der Berliner Staatsoper auf Gastspielreise in Rom war, las er dort in einer Zeitung, man habe für Aachen einen neuen Generalmusikdirektor engagiert – seinen Freund Paul van Kempen, der zuvor die Dresdner Philharmoniker geleitet hatte. Als van Kempen nach Vertragsabschluß erfuhr, daß dieser hinter dem Rücken und ohne Wissen von Karajan zustande gekommen war, traf es ihn sehr: »Ich konnte ja nicht wissen, daß du übergangen wurdest, wenn mir die Stadtverwaltung sagt, du habest deinen Vertrag gelöst«, verteidigte er sich Karajan gegenüber, als der wütend wieder nach Aachen kam. Und Kirchner soll seinem GMD Karajan gesagt haben: »Ich brauche jemanden, der acht bis neun Monate im Jahr hier ist und nicht einen, der eine Oper nach der anderen abgibt, weil er woanders zu tun hat. Hätte ich Ihnen das vor Ihrer Reise gesagt, hätten Sie sich bereit gefunden, wieder eine Oper mehr zu dirigieren, wären geblieben und das Ganze hätte von vorne angefangen.«

Karajan fand sich damit anscheinend einsichtig ab: »Ich habe ihm gesagt, daß er recht hat. Es ist nur Schwäche, wenn man sich von etwas nicht trennen kann, an dem man zwar noch hängt, dessen Bedeutung für den eigenen Lebensweg aber geschwunden ist.« Anscheinend? Oder vielmehr nur »scheinbar«? Karajan läßt kaum je in sich hineinblicken, wenn er einen Hieb verwinden muß.

Der nächste Hieb ließ nicht lange auf sich warten. Wie schon erwähnt, hatte sich Furtwängler von der Staatsoper zurückgezogen, und Tietjen hatte seinem Staatskapellmeister und Generalmusikdirektor Karajan versprochen, daß Furtwängler niemals wieder an der Staatsoper dirigieren werde, die doch seine, Karajans, Domäne geworden sei. Karajan gastierte wieder einmal in Italien, diesmal in Cervinia. Dazu muß erwähnt werden, daß die Staatsoper Unter den Linden am 10. April 1941 bei einem Bombenangriff abgebrannt war. Sie wurde aber mitten in die Bombardierungen hinein in aller Eile wieder aufgebaut und spielbar gemacht. In Cervinia las Karajan nun die Nachricht, daß am Montag, dem 7. Dezember 1942, Wilhelm Furtwängler die Wiedereröffnungsvorstellung »Meistersinger« dirigieren werde. Zurückgekehrt, ließ sich Karajan bei Tietjen melden. Der erklärte ihm auf seine Beschwerde rundheraus: »Das können Sie nicht verstehen, das ist eben hohe Politik, das ist nicht in Ihrem Gesichtskreis, das hat sein müssen.«

Nun versuchte Karajan, wie er behauptet hat, sich zur Wehrmacht zu melden. Ob das stimmt, bleibe dahingestellt. Es lag auch ein Einberufungsbefehl vor, aber der war ein Irrtum, er kam angeblich aus Aachen, aber dann doch wieder nicht, sondern aus dem Preußischen Staatsministerium. Kurz und gut, aus dem ganzen Durcheinander glitt Karajan wieder raus. Er wurde freigestellt, dirigierte aber nicht mehr in der Oper, sondern ab 1943 nur mehr sechs Konzerte mit der Staatskapelle. Für einen Herbert von Karajan ein fürwahr ödes Dasein.

Die Enttäuschungen müssen Karajan mehr getroffen haben, als er je zugegeben hat. Der Fall war aber auch zu tief: Erst der mit Haltung aufgenommene Bruch mit Aachen, dann die Furtwängler-»Politik«, dann die paar Konzerte, die übrigblieben. Dafür entschädigten auch nicht die insgesamt 23 Schallplatten-Aufnahmen, die Karajan bis Kriegsende produzierte.

Daß Karajan auf Tietjen nicht mehr gut zu sprechen war, läßt sich an den fünf Fingern abzählen. Auch Tietjen spielte den Beleidigten. Nach dem Krieg – zu Weihnachten 1966 – schrieb der 85jährige Tietjen in einem Brief, den Haeusserman zitiert: »Ich holte Karajan vom kleinen Aachen an den großen Staatsopernbetrieb mit der herrlichen Staatskapelle, 1936. Er blieb bis 1942 und hat es mir schlecht gedankt, daß ich ihn, das unbändige Genie, wie einen Sohn gefördert habe. Ich habe bis heute über ›mehr‹ geschwiegen und tue es weiter, gerade jetzt, wo Karajan im Begriff ist, Wagner zu Richard Wagner zurückzuführen; das ist wichtiger als ›Menschlich-Allzumenschliches‹.« (Gemeint waren Karajans geplante und 1967 verwirklichte Osterfestspiele in Salzburg).

Aber Karajan hatte schon zu einem früheren Zeitpunkt hart und unversöhnlich reagiert. Davon berichtet Egon Seefehlner in seinem Buch »Die Musik meines Lebens« (Paul Neff Verlag, Wien, 1983). Seefehlner war 1955 stellvertretender Direktor der Wiener Staatsoper, die am 5. November neu aufgebaut und festlich eröffnet werden sollte. Kurz vor der Eröffnung, so Seefehlner, »rief mich Karajan eines Tages an und äußerte den Wunsch, den Bau zu besichtigen. Ich führte Karajan herum, und auf einem Gang begegnete uns Tietjen, der die Eröffnungsvorstellung, Beethovens ›Fidelio‹, inszenierte. Ich grüßte, Karajan ging, ohne Tietjen auch nur eines Blickes zu würdigen, an ihm vorbei. Ich dachte, Karajan, der ja oft in Gedanken versunken jemanden übersieht, habe ihn nicht erkannt und sagte: ›Herr von Karajan, das war Tietjen.‹ Und Karajan replizierte: ›Ich denke nicht daran, diesen Herrn zu grüßen!‹« Das Elefantengedächtnis vergißt nichts...

Karajans Stern strahlte in den Jahren um 1942 nicht mehr so hell, wie das die »Wunder«-Kritik verheißen hatte. Das lag aber nicht an Karajan, sondern wohl eher an der verfilzten Intriganz der Spitze des Kulturlebens dieser Zeit. So bewarb sich Karajan 1942 um den Posten des Operndirektors der Dresdner Staatsoper, die mit der berühmten Sächsischen Staatskapelle Richard Strauss' bevorzugtes Uraufführungshaus war und die über Spitzenmusiker und Spitzensänger verfügte. Aber auch Karl Elmendorff, ebenfalls

Staatskapellmeister in Berlin, dort aber wohl von Karajan an die Wand gedrängt worden und nach Mannheim gegangen, wollte nach Dresden. Er klemmte sich hinter Gerdy Troost. Sie war die Witwe des 1934 verstorbenen Paul Ludwig Troost, des Lieblingsarchitekten Adolf Hitlers. Ihre guten Beziehungen zum »Führer« wollte Elmendorff ausnutzen und schrieb ihr Anfang 1942 folgenden Brief, der Einblick in die damaligen Zustände gibt:

»Eine große Gefahr droht. Man teilt mir mit, daß Karajan mit allen Mitteln Dresden anstrebe und dabei von gewissen Berliner Kreisen unterstützt werde. Es wäre nicht auszudenken, wenn er mich ein zweites Mal und dann vielleicht für immer um die Früchte meiner Lebensarbeit bringen würde.«

Goebbels entschied schließlich: Der Karajan ist noch zu jung, dem »Wunsch des Führers« ist stattzugeben. So wurde Elmendorff Musikchef in Dresden und nicht Karajan.

Karajan war in diesen schweren Jahren nicht ganz allein. Von Elmy geschieden, hatte er 1941 in Berlin eine hochgewachsene blonde Dame kennengelernt. Sie war Jahrgang 1917, also neun Jahre jünger als er, geschieden, tatkräftig, gesellschaftlich gewandt. Anita hieß sie, geschiedene Ahrens, geborene Gütermann – jawohl, aus der Nähseiden-Dynastie. In die elegante Frau aus reichem Hause hatte sich Karajan verliebt.

Kein Zweifel – sie schmückte ihn. Und obgleich sie als Vierteljüdin bei den Nazis als »rassisch« nicht einwandfrei galt, heiratete der Staatskapellmeister sie am 22. Oktober 1942 standesamtlich. Um Nazi-Opportunismus kümmerte er sich diesmal nicht. Er stellte das Menschliche, die Liebe zu Anita, über die Karriere. Die Nazis waren ihm wurscht dabei. Man hat ihn übrigens auch nie, wie so viele andere Künstler-Karrieristen, jemals in einer braunen Uniform oder mit einem stolz getragenen Parteiabzeichen herumlaufen sehen. Briefe hat er allerdings doch mit »Heil Hitler« unterschrieben, wenn sie dienstlichen Charakter hatten.

Wie auch immer – Anita hielt fest zu ihm, und da sie keinen Paß mehr hatte (den hatten ihr die Nazis abgenommen), schmuggelte Herbert von Karajan sie und sich selbst sechs Wochen vor Kriegsende durch »Beziehungen« in einem Luftwaffenflugzeug nach Italien. Vorwand für sein Visum waren Orchesteraufnahmen in Mailand am Rundfunk, der unter deutscher Kontrolle stand. Dort ließ sich Karajan allerdings nicht blicken. Er tauchte mit Anita unter; sie wohnten teils am Comer See, teils in billigstem Logis in

Mailand und warteten die Kapitulation Deutschlands und damit den Frieden ab.

Sie hungerten. Herbert, jetzt 37 Jahre alt, wollte zum Broterwerb Kaffeehausmusik machen. Doch das ließ Anita, die 28jährige, nicht zu. Sie verdiente als Dolmetscherin in mehreren Sprachen das zum Überleben nötige Geld. Herbert studierte indessen im kargen Zimmer wie besessen Partituren und lernte nach einem Plan, den er sich selbst aufgestellt hatte, Italienisch – die Sprache, die ihm später bei den Aufführungen italienischer Opern in der Originalsprache und bei seiner Tätigkeit an der Mailänder Scala unentbehrlich sein sollte. Ab und zu kam ein anonymer Scheck an die Karajans aus der Schweiz und besserte die Finanzlage auf. Erst viele Jahre später stellte sich heraus: Der Absender, der unerkannt bleiben wollte, um Karajans Stolz nicht zu verletzen, war einer seiner wenigen wahren, menschlichen Freunde – der Pianist Edwin Fischer.

Schließlich – sechs Monate waren die Karajans nun schon in Italien – hatte der Intendant von Triest gehört, daß der Dirigent in Mailand sei. Er erwirkte, daß Karajan mit dem Auto eines englischen Majors nach Triest geholt wurde, um dort ein Konzert zu leiten. Die so entstandenen Verbindungen zur englischen Besatzung nützte Karajan nun aus, um bei nächster Gelegenheit »heimzukehren«. In einem offenen Viehwaggon, zusammengepfercht mit vielen anderen Menschen, als fremdsprachlich Gebildeter zum »Transportleiter« bestimmt, fuhr er Ende 1945 zusammen mit Anita 26 Stunden lang von Mailand nach Klagenfurt. An der Grenze lag schon Schnee. In Klagenfurt gelang es, Visa für das Ehepaar zu ergattern und endlich nach Salzburg zum Haus der Eltern Karajan zu fahren.

Auch diese lange Fahrt von Mailand her, das Kreischen auf den ausgeleierten Schienen, das Quietschen und Rattern der Räder in der Kälte vertiefte den Haß Herbert von Karajans auf die Eisenbahn, in der er sich stets eingezwängt fühlte. Und Zwang verträgt er nicht, höchstens den, den er sich mit eigener Hand selbst auferlegt. Im schnellen Auto oder im mit eigener Hand gesteuerten Flugzeug – da ist er sein eigener Herr, da ist er »der Boß«.

Bis er aber nach 1945 wieder »der Boß« wurde, sollte noch einige Zeit vergehen. Erst einmal war Karajan arbeitslos, stand vor dem Nichts. Doch dann fing er mit der ihm eigenen Zähigkeit wieder ganz von unten an – buchstäblich – im Souffleurkasten.

(Foto: EMI-Electrola)

6. Kapitel

Der Arbeitslose

Zweieinhalb Stunden dauerte die Befragung. Sie fand in einem karg als Büro möblierten Zimmer des Salzburger Mozarteums statt. Unter vier Augen. Am Nachmittag des 18. Juni 1946, einem Dienstag. Der erst eine Woche vorher aus den USA in Wien eingetroffene Entnazifizierungsoffizier, Oberstleutnant Ernst Lothar, hatte den 38jährigen Herbert von Karajan zu sich bestellt. Der Grund: Die amerikanische Besatzungsmacht hatte angeordnet, daß die Salzburger Festspiele 1946 im von ihnen dazu freigegebenen Festspielhaus mit den erstmals nach dem Kriege heranzutransportierenden Wiener Philharmonikern unter allen Umständen stattfinden müßten. Und es wurde befohlen, dies habe ohne die auf einer sogenannten Schwarzen Liste aufgeführten ehemaligen »Nazis« zu geschehen. Auf dieser Liste stand der Name Herbert von Karajan.

Der Hintergrund: Im September 1945 war ein Mann in Wien Leiter der Bundestheaterverwaltung geworden, der zwar aus dem Verwaltungsdienst kam, aber ein geradezu ausufernder Opernenthusiast war: Dr. Egon Hilbert. Dieser Hilbert war in Prag Kultur- und Presseattaché gewesen, bis ihn die Nazis verhafteten und ins KZ Dachau steckten. Dort war auch Dr. Leopold Figl, der spätere erste Bundeskanzler der zweiten österreichischen Republik. Der hatte ihm versprochen: »Wenn das Nazi-Regime zusammengebrochen ist, wir diese Hölle hier überleben und Österreich wieder wird, was es einmal war, dann sorge ich dafür, daß du, Egon, einen leitenden Posten am Theater bekommst.« Und so geschah es.

Hilbert stürzte sich mit Feuereifer in seine Aufgabe – mit einem Eifer, der neun Jahre später zum größten Theaterskandal in Wien führen sollte. Jetzt aber sorgte er erst einmal für die Staatsoper und für die Salzburger Festspiele. Er hatte von Karajan gehört und wußte, daß der hochbegabte Dirigent »frei« war – egal, ob der nun mal in der NSDAP gewesen oder, wie er später angab, wegen seiner Ehe mit der Vierteljüdin Anita aus der Partei ausgetreten war. Das »Wunder« Karajan gehörte jetzt nach Salzburg! Und so machte sich der ehemalige KZ-Häftling Hilbert für den Österreicher Herbert von Karajan stark.

Der US-Oberstleutnant Dr. Ernst Lothar traf Hals über Kopf in Salzburg ein. Er hatte von seinen Vorgesetzten in Wien den Auftrag bekommen, sich diesen »Karadjähn«, der sich schon seit Wochen mit den Vorbereitungen der Opern »Der Rosenkavalier«, »Don Giovanni« und »Le Nozze di Figaro« (Figaros Hochzeit) beschäftigte, vorzunehmen und ihn wegen seiner Vergangenheit auszufragen.

Bevor er sich daranmachte, ließ sich Lothar beim 74jährigen Heinrich Baron von Puthon melden. Puthon, k.u.k.-General a.D., war Festspielpräsident seit 1926 (außer in den Jahren der Nazizeit 1938–1945). Lothar kannte ihn von früher. Denn der jetzt 55jährige amerikanische Offizier war von 1935 bis 1938 Leiter des Wiener Theaters in der Josefstadt gewesen und eigentlich noch immer österreichischer Hofrat, verheiratet mit der berühmten Burgschauspielerin Adrienne Gessner. Er hatte am 21. März 1938 nach dem »Anschluß« Österreichs durch Hitler fliehen müssen, weil er Jude war.

Baron von Puthon bat Lothar nun dringend, egal, was mit denen auf der Schwarzen Liste sonst war: »Laßt's uns den Karajan! Ohne den geht's faktisch nicht.«

Das Ergebnis seiner Befragung formulierte Ernst Lothar, dem der Name Karajan außer einer unbestimmten Erinnerung an die Wiener Karajangasse überhaupt nichts bedeutete, in seinem Bericht am selben Tage. Er schieb am 18. Juni 1946 ein »Memo« vom »Theatre and Music Officer« an den »Chief of Branch« über den jungen Mann, der ihn bei seinem Eintreten in das Büro »an Kainz erinnerte«:

1. Herbert von Karajan ist vom Unterzeichneten einer zweieinhalbstündigen Befragung unterzogen worden, worin alle Fakten seines Aktes zur Sprache kamen.

2. Der Befragte stellte von dem gegen ihn Vorgebrachten nichts in Abrede. Er versuchte auch nicht, es mit seiner Jugend

und Interesselosigkeit an politischen Dingen zu entschuldigen, daß er Parteimitglied wurde.

3. Zur Tatsache, daß er vor einem Konzert im besetzten Paris das Horst-Wessel-Lied dirigiert hatte, erklärte er, dies sei ein Routinevorgang gewesen, dem niemand sich habe entziehen können. Doch habe er diese Unvermeidlichkeit beim Dirigieren ostentativ zu erkennen gegeben und durch das von ihm gewählte, aus der Beilage ersichtliche Konzertprogramm bekundet, wofür er eintrete und wofür nicht.

4. Diese Aufklärung halte ich nicht für zwingend, fasse aber nach dem persönlichen Eindruck von dem Befragten meine Meinung folgendermaßen zusammen: Es handelt sich um einen fanatischen Menschen, dessen Fanatismus der Musik gilt, die ihm Existenz bedeutet. Welche Eignung er dafür besitzt, kann ich nicht beurteilen, weil ich ihn nie dirigieren sah. Doch legen die Tatsache, daß bereits Bruno Walter den damaligen Anfänger aus der Provinz zu einem Dirigentengastspiel an die Wiener Staatsoper berief, ferner die aus dem Akt in Fülle ersichtlichen, fast durchwegs enthusiastischen sachverständigen Urteile über seine Tätigkeit seither und schließlich der Eindruck, den ich von der Unterredung mit ihm gewann, die Meinung nahe, daß es sich um ein Talent außergewöhnlichen Formats handelt.

5. Politische Gefolgschaft scheint er weder geleistet noch gehabt zu haben. Die im Akt erwähnte Gegnerschaft des Dirigenten Wilhelm Furtwängler führe ich nicht auf politische Beweggründe zurück.

6. Ich empfehle, das im Falle Karajans ausgesprochene Verbot so lange aufrechtzuerhalten, bis die Aliierte Kommission seine Wieder-Zulassung (»to clear him«) beschlossen haben wird, und bitte, daß der entsprechende Antrag an die Aliierte Kommission so bald als möglich gestellt wird.

7. Bis dahin halte ich es im Interesse des Stattfindens der Salzburger Festspiele für geboten, Herrn v. Karajan, der sich bereits seit Wochen ihrer Vorbereitung widmet, daran nicht zu

hindern, sondern ihm einen politisch unbelasteten Musiker von Rang zur Seite zu geben, der nominell als Dirigent erscheint.

Das wurde erlaubt. Karajan »umkreiste« also verdunkelten Zuschauerraum den jeweils »nominellen« Dirigenten (für »Figaros Hochzeit« Felix Prohaska, für »Don Giovanni« Josef Krips, für »Der Rosenkavalier« Hans Swarowsky), gab Tips und Winke. Schließlich verschwand er im Souffleurkasten. Denn der original italienische Souffleur von der Mailänder Scala für die zum ersten Mal in italienischer Sprache singenden Solisten im »Don Giovanni« und in »Le Nozze di Figaro« war noch nicht eingetroffen.

Herbert von Karajan beherrschte dank seines Lerneifers am Comer See und in Mailand jetzt die italienische Sprache perfekt – ebenso wie natürlich die Musik der geplanten Opern. Er beschränkte sich dennoch nicht nur darauf, Stichworte zu geben. Er gab auch, für das Publikum unsichtbar, die musikalischen Einsätze für die Sänger. Das ist an den großen Opernhäusern in Italien üblich. Den Mann, der das vom Souffleurkasten aus tut (durch eine Art Rückspiegel neben dem Souffleurkasten kann er den Dirigenten hinter sich sehen), nennt man »Maestro Suggeritore«, und er ist dort unentbehrlich. (17 Jahre später sollte sich am Einsatz eines solchen Maestro Suggeritore in der Wiener Staatsoper unter Karajans Leitung einer der größten Kräche entzünden, die das berühmte Haus je erlebte).

Karajan durfte also bei den Opern, die er eigentlich dirigieren sollte, nur »einstudieren« und »assistieren«, ohne für ein Publikum in Erscheinung zu treten. Ob seine »Empfehlungen« den »nominellen« Dirigenten Krips, Prohaska und Swarowsky (derselbe, dessen Position Karajan 1934 in Aachen bekommen hatte, weil der sein Amt nicht angetreten hatte, sondern nach Hamburg gegangen war) besonders behagt haben, ist nicht überliefert.

Hingegen ist in den Erinnerungen des Tenors Anton Dermota (»Tausendundein Abend«, Paul Neff Verlag 1978, und dtv, 1981) überliefert, daß »Karajan damals bereits eine wichtige, aber undefinierbare Position in Salzburg« hatte. »Die Direktion hatte ihm sogar einen alten Steyr-Wagen samt Chauffeur zur Verfügung gestellt, damit er leichter das Festspielhaus erreichen konnte.« Das war ein für die damaligen armseligen Nachkriegsverhältnisse im Jahre 1946 sagenhafter Vorzug.

Dermota: »Er wohnte auf der Zistelalm, oben am Gaisberg, während wir mit unseren Kindern in halber Höhe auf der Gersbergalm Quartier genommen hatten. Nach einer Probe bat ich ihn, mich im Wagen mitzunehmen. ›Aber gerne‹, sagte er, ›wir müssen nur vorher meine Frau abholen. Sie spielt in Parsch Tennis.‹ Während der Fahrt erzählte ich, daß ich daran dachte, mir ein Auto anzuschaffen. Das interessierte ihn sehr, und es gab bis zur Ankunft oben kein anderes Gesprächsthema.«

Dabei wäre es ja denkbar gewesen, daß der Dirigent im Wartestand Karajan sich mit dem Tenor Dermota, der damals in »Don Giovanni« die Partie des Don Ottavio zum erstenmal italienisch sang, über Musikalisches unterhalten hätte. Nein – Karajan breitete seinen autotechnischen Sachverstand aus.

Sein erstes Konzert nach Kriegsende hatte der rührige Karajan schon fünf Monate vor der Salzburger Befragung durch Ernst Lothar gegeben: am 18. Januar 1946. Er durfte die Wiener Philharmoniker mit folgendem Programm dirigieren: eine Haydn-Symphonie, »Don Juan« von Richard Strauss und die Erste von Brahms. Es wurde ein rauschender Erfolg.

Das nächste Konzert sollte am 2. März stattfinden. Am Vormittag vor der Aufführung verboten die Russen dem ihrer Meinung nach belasteten Karajan zu dirigieren.

Der Ausweg kam aus London. Dort hatte der Schallplattenproduzent und künstlerische Direktor der »Columbia« (später wurde EMI-Electrola daraus), Walter Legge, eine Plattenaufnahme der »Fledermaus«-Overtüre aus dem Jahr 1942 gehört, die ihn aus dem Sessel riß. Da spielten die Berliner Philharmoniker unter Herbert von Karajan. Den Mann mußte er haben!

An eben dem 2. März 1946 wollte Legge sich das angesetzte Karajan-Konzert anhören. Da kam das Verbot. Legge machte die geheime Telefonnummer Karajans ausfindig und rief ihn an. Man verabredete sich, eine Unterhaltung von vier Stunden Dauer wurde es, während der beide feststellten, daß sie die gleiche künstlerische Wellenlänge hatten. Für September 1946 war die erste Aufnahmereihe angesetzt. Da legten sich die Amerikaner quer: Karajan habe keine Dirigiererlaubnis. Jetzt rief der geborene Engländer Legge die britische Besatzungsmacht an. Die stellte fest, daß das Dirigierverbot der amerikanischen Besatzungsmacht nur für »öffentliche Auftritte« gelte, nicht aber für Schallplattenaufnahmen in einem nichtöffentlichen Studio. Das teilten die Engländer den

Amerikanern mit. Die Aufnahmen fanden unter britischem Schutz statt. Und so wurde Karajan via Schallplatte auf dem Umweg über die Londoner »Columbia« viel eher in der internationalen Welt bekannt, als er das durch Konzerte in Wien und Salzburg hätte schaffen können.

Das darbende, magere Energiebündel Karajan bekam von Legge erst mal einen finanziellen Vorschuß, und dann ging's los: Von September 1946 an nahm der Dirigent bienenfleißig auf, was die Rillen hielten – unter anderem »Ein Deutsches Requiem« von Brahms (wobei Legges Ehefrau, die berühmte Elisabeth Schwarzkopf, die Sopranpartie sang) und Beethovens Neunte (auch mit der Schwarzkopf), dazu jede Menge Mozart, Johann und Josef Strauß, Brahms, Sibelius und Tschaikowsky.

Ja, auch die Strauß-Walzer machte Karajan. Populäres aus Wien, kalkulierte er schon damals ganz genau, verkauft sich gut. Und vielleicht wollte er auch der Welt, sich selbst und einem ehemaligen Studienkollegen beweisen, daß er doch den Dreivierteltakt schlagen könne.

Bei Karajans erster Probe zum Januar-Konzert 1946 war nämlich folgendes passiert: Als Karajan vor das Orchester der Wiener Philharmoniker tritt, erblickt sein blaugraues scharfes Auge einen Oboisten. Er sagt leise zu Rudolf Gamsjäger, dem Generalsekretär des Vereins der Musikfreunde, der gerade in der Nähe ist: »Der Mann da muß weg!« Verdutzt kommt der Einwand: »Aber, Herr von Karajan, das ist doch der erste Konzertmeister...« Karajan unwirsch: »Egal, der muß weg, den will ich nicht sehen.«

Er setzte es durch. Der Musiker wurde ausgewechselt. Aber warum? Daran wurde ziemlich lange herumgerätselt. Schließlich stellte sich heraus: Dieser Oboist hatte mit dem 20jährigen Karajan zusammen auf der Hochschule für Musik in Wien in einer Klasse studiert. Und er hatte damals im Scherz – oder im Ernst? – gesagt: »Herbert, such' dir doch einen anderen Beruf, du kriegst doch niemals die Eins-Zwei-Drei im Walzer zusammen!«

Das hatte sich Karajan über 17 Jahre hinweg gemerkt – das Elefantengedächtnis ließ ihn nicht im Stich...

Karajans Schallplatten also wurden Hits, sein Name prägte sich als Gütesiegel international ein.

Doch war durchaus noch nicht alles in Butter, denn seit dem Russenverbot des zweiten Konzertes setzten immer neue Befragungen und Verhöre ein, so daß sich Karajan kurz entschlossen zurückzog, sich in St. Anton am Arlberg einmietete und wieder emsig Partituren studierte.

Gegen die Befragerei hat er übrigens damals eine Allergie entwickelt, die bis ins hohe Alter hinein anhielt. Denn wenn er sich anläßlich von Interviews, sei es für eine Zeitung, Illustrierte oder im Fernsehen, zu sehr bedrängt fühlte, konnte aus völlig nichtigem Anlaß unvermittelt sein ärgerlicher Satz fallen: »Wir sind hier doch nicht im Kreuzverhör!« Denn alles, was nach Verhör klang und klingt, haßte er wie die Pest.

Endlich, im Oktober 1947, bekam er die offizielle Dirigiererlaubnis von den Besatzungsmächten. Vorher hatte er noch erleben müssen, wie Furtwängler im August schon wieder in Salzburg bei den Festspielen dirigierte. Auch Karl Böhm »durfte« wieder, obgleich er sich durchaus mit Ergebenheitserklärungen und »Hitler«-Grüßen über die Nazi-Zeit hinweggerettet hatte. Zwar fühlte sich Karajan schlecht behandelt, aber er steckte das weg.

Während Furtwängler, der große, damals 61jährige Romantiker aus Berlin, seine Eifersucht auf den 22 Jahre jüngeren aufstrebenden Perfektionisten aus Salzburg kaum überwinden konnte, obgleich oder gerade weil er dessen Können anerkannte, vertrat Karajan einen anderen Standpunkt. Er hat das so erklärt: »Ich habe mir früh anerzogen, mich nicht mit menschlichen Reaktionen zu befassen. Man kann gefühlsmäßig auf drei Arten reagieren: mit Liebe, mit Gleichgültigkeit oder mit dem Gegenteil von Liebe. Aber in diesem Beruf darf man nicht hassen, sonst ist man geliefert. In dem Moment, da man Eifersucht empfindet, wird man häßlich. Und dann kann man nicht mehr Musik machen.«

Als Karajan das 1978 sagte, war Furtwängler schon 24 Jahre tot, und Karajan hatte als sein Nachfolger seit fast einem Vierteljahrhundert in Europa keinen ebenbürtigen Rivalen mehr.

Aber damals – 1947 – war Furtwängler wieder renommierter, designierter Chef des Berliner Philharmonischen Orchesters und favorisierter Dirigent der Wiener Philharmoniker. Und machte Musik, wundervolle, durchgeistigte Musik...

Karajan ging Furtwängler aus dem Weg. Sein eigener Kommentar ist nur auf einen Satz beschränkt: »Der alte Mann machte sich das Leben zu Hölle.«

Zwar setzte sich Herbert von Karajan dafür ein, daß der große Kollege auch 1948 in Salzburg dirigierte, nicht nur Konzerte, sondern auch Opern wie »Fidelio« (1948) und dazu »Die Zauberflöte« (1949), während Karajan selbst 1948 mit Glucks »Orpheus und Eurydike« – in Oscar Fritz Schuhs eindrucksvoller Inszenierung – und »Le Nozze di Figaro« – ebenfalls Schuh – an die internationale Öffentlichkeit trat, 1949 aber lediglich Beethovens Neunte und das Verdi-Requiem in Salzburg dirigierte. Denn der umtriebige Karajan verfolgte, rastlos vorwärtsstürmend, als hätte er viel verlorene Zeit nachzuholen, andere Ziele – größere, weiter gesteckte.

Karajan erträumte sich ein Weltreich der Musik, einer Musik für Millionen – schon damals, als er noch nicht die technischen Möglichkeiten zur Verfügung hatte, sie aber bereits erahnte. Bis ins hohe Alter hat er nicht aufgehört damit. Das Erstaunliche daran: Er hat seine Träume in die Tat umgesetzt, sie Wirklichkeit werden lassen – fast alle.

Noch war es nicht soweit, noch lange nicht. Die Wiener Philharmoniker setzten auf Furtwängler. Karajan mußte sich andere Betätigungen suchen. Er fand sie im zweiten, damals auch zweitrangigen, Orchester in Wien, den Wiener Symphonikern. Sie spielten für die »Gesellschaft der Musikfreunde«, einen altehrwürdigen Verein von Konzert-Enthusiasten, der Karajan schon 1947 (als ihm das Dirigieren noch verboten war) zu seinem künstlerischen Direktor auf Lebenszeit gewählt hatte. Dieses Orchester – die Symphoniker – drillte und schliff er, bis es die Spitzenklasse erreicht hatte und damit zur stets ausverkauften Konzertkonkurrenz der Wiener Philharmoniker wurde.

Der erste Ruf ins Ausland kam aus der Schweiz. Interessanterweise soll es Furtwängler gewesen sein, der 1947 in Luzern, wo er seit 1944 (!) bei den Internationalen Musikfestwochen Konzerte gab, den Schweizer Festspielpräsidenten, Dr. Walter Strebi (der außerdem sein Rechtsanwalt war) auf Karajan aufmerksam gemacht hatte. Zum Dank, daß Karajan ihm das Feld in Salzburg überlassen hatte? Oder um ihn von dort wegzuloben?

Wie auch immer – am 25. August 1948 leitete Karajan sein erstes Konzert im Ausland in Luzern – mit dem dortigen ad hoc zusammengestellten Festspielorchester. Seitdem ist er Jahr für Jahr dort. In Luzern herrschte auch privat eine entspannte Atmosphäre. Zwischen den Konzerten und Proben fand man sich zu Bootsfahrten auf dem Vierwaldstätter See oder zum Baden am Lido-Strand. Da konnte man Furtwängler ebenso in der Badehose entdecken wie auch Karajan. Und Karajan, der treue, bewies immer wieder seine

1947 dirigierte Herbert von Karajan zum ersten Mal nach dem Krieg im Ausland. Die »Internationalen Musikfestwochen Luzern« hatten ihn in die Schweiz eingeladen. Das Bild zeigt Karajan mit dem Festspielorchester. (Foto: Internationale Musikfestwochen Luzern, Archiv)

unwandelbare Anhänglichkeit an die Luzerner: »Sie waren die ersten«, stellte er einmal fest, »die nach dem Krieg gesagt haben: ›Was da über Sie gesagt und gegen Sie getan wurde, das geht uns alles nichts an. Sie sind bei uns willkommen und können immer kommen.‹ Das werd' ich ihnen nie vergessen!«

Ein weiteres Orchester bot ihm Walter Legge an: das Philharmonia Orchestra London. Das war eine »Erfindung« Legges. Hervorgegangen aus einem Streichquartett während des Krieges, erweiterte er das Ensemble immer mehr, bis ein Orchester daraus wurde, mit dem er für die Columbia Schallplatten machte. Es setzte sich aus den besten Musikern Großbritanniens zusammen. Als es in eine Finanzkrise kam, kurz nach dem Krieg, wurde es vom steinreichen und kaum 30jährigen Maharadscha von Mysore in Südindien subventioniert, der russische und zeitgenössische Musik liebte! Diese Werke brachten zwar kaum Plattenerfolge. Das indische Geld aber sanierte die Orchesterkasse.

Karajan nahm Legges Offerte an. Aus den hochbezahlten Spitzenmusikern – jeder einzelne ein qualifizierter Solist – züchtete er in unablässiger, unnachgiebiger Probenarbeit einen Klangkörper von internationalem Hochformat. Von 1948 bis 1960 waren um die 85 Plattenaufnahmen das Ergebnis, beginnend mit Schumanns Klavierkonzert a-Moll (Solist: Dinu Lipatti) über die erste Gesamtaufnahme aller Beethoven-Symphonien (1951–1955) und endend mit einem Promenadenkonzert und Ballettmusiken aus verschiedenen Opern.

Später hat Karajan einmal dem jungen Hamburger Pianisten Justus Frantz erzählt, die Londoner Zeit, das sei die schwierigste Zeit seines Lebens gewesen. Das Philharmonia Orchestra London sei ein Orchester gewesen, die hätten gut gespielt, er hätte ihnen aber nichts sagen können, die hätten auch gar nichts angenommen, man hätte sich ausgebrannt – und es wäre eigentlich langweilig gewesen für beide Seiten. Das sei etwas, was bei den Berliner Philharmonikern nie passiert ist.

Mag sich das in Karajans Rückschau vielleicht so ansehen, jedenfalls gehörte das Schulen und Erziehen der Briten auch zu einer Erfahrung, die ihm international zugute kam.

Da waren also nun Wien mit den Symphonikern und London mit dem Philharmonia Orchestra. Als ob das alles noch nicht ausreichte, hielt der nun 40jährige Herbert von Karajan am 28. Dezember 1948 auch noch seinen triumphalen Einzug in der Hochburg der

Oper, in der Mailänder Scala. Zuerst mit »Le Nozze die Figaro« und im Anschluß daran als Dirigent der sogenannten »Deutschen Saison«. Da standen Werke deutscher Komponisten auf dem Spielplan, aber bald dirigierte Karajan auch italienische Opern.

Das ist um so höher zu bewerten, als die Italiener den Ausländern – und besonders den deutschsprachigen – rundweg das Talent absprechen, »ihre« Musik richtig zu empfinden und zu dirigieren. Doch Karajan kann das. Er beherrscht auch dieses Gebiet – die Musik von Verdi, Puccini, Rossini, Donizetti – vom Gefühl her souverän und perfekt. Die italienischen Musiker und Spitzensänger huldigen ihm dafür. Die Primadonna Callas machte das mit einem Kniefall.

Wien, London, Mailand, Luzern, im nächsten Frühjahr (1949) kam eine Tournee nach Südamerika dazu: Kuba, Brasilien, Argentinien, Chile. Bald gab es kaum ein großes Orchester auf der Welt, das er nicht dirigierte, kaum eine bedeutende Metropole der westlichen Welt, in der er nicht gastierte. Damals entstand die Anekdote, die Karajan selbst als 75jähriger noch erzählt: »Da hat's geheißen, der Karajan springt in ein Taxi. Der Fahrer sagt: ›Wohin?‹, darauf der Karajan: ›Egal, ich habe überall zu tun!‹« Worin ein Körnchen Wahrheit lag, über das der weise gewordene Maestro schmunzelte: »Das mag vor 30 Jahren schon so gewesen sein. Aber das ist eine Periode, durch die man durch muß, in der man lernt, das Wesentliche vom Unwesentlichen zu unterscheiden.

Ein herausragendes Ereignis sollte Karajan und Furtwängler kraß entzweien, die ja, zumindest was der Respekt des Jüngeren vor dem Älteren betrifft, zwar auf Distanz, aber doch immerhin miteinander »umgingen«. Dabei lag die Schuld eindeutig bei Furtwängler.

Herbert von Karajan hatte 1950 für das Wiener Bach-Fest mit fast 100 Proben Bachs »Matthäuspassion« erarbeitet, mit den Wiener Philharmonikern, mit dem Wiener Singverein, der Gesellschaft der Musikfreunde. Vorher allerdings hatte die Gesellschaft der Musikfreunde dem Chef der Wiener Philharmoniker, Wilhelm Furtwängler, die »Matthäuspassion« angeboten. Nur hatte der sich dazu nicht geäußert. Also bat man Karajan. Der griff zu.

Plötzlich – die Probenarbeit Karajans war schon weit fortgeschritten – meldete sich Furtwängler: Er wolle die »Matthäuspassion« außerhalb des Bach-Festes »als philharmonisches Abonnementskonzert« machen. Das kam natürlich nun nicht mehr in Frage.

Furtwängler war auf Karajan böse, Karajan wegen dieser Zumutung auf Furtwängler. Zum Schluß dirigierte Karajan mit einem Riesenerfolg – den er auch ummünzte: Er produzierte die »Matthäuspassion« als Film – und griff damit schon damals über auf ein anderes Medium. Die Gestaltung faszinierte ihn: das Umsetzen der Bach'schen Musik auf Gemälde und Darstellungen großer Meister, welche die Passionsgeschichte behandelten.

Bei den Arbeiten zu diesem Film lernte Karajan den Ex-Filmschauspieler André (von) Mattoni kennen. Der war neun Jahre älter als der Maestro und im Metier bewandert. Er hatte in vielen Lustspielen als eleganter, charmanter Zweitliebhaber mitgefilmt, so 1931 in »Ein süßes Geheimnis«, 1933 in »Walzerkrieg« (mit Renate Müller, Willy Fritsch, Paul Hörbiger), 1938 in »Immer wenn ich glücklich bin« (mit Martha Eggert, Lucie Englisch, Theo Lingen, Albert Matterstock, Otto Gebühr), 1943 in »Abenteuer im Grandhotel« (mit Carola Höhn, Wolf Albach-Retty, Georg Alexander) und in »Drei tolle Mädels« (mit der Höhn, Grethe Weiser, Lucie Englisch), 1944 in »In flagranti« (mit Ferdinand Marian, Margot Hielscher, Alice Treff) und 1945 in »Wiener Mädeln« (mit Willi Forst, Hans Moser, Judith Holzmeister, Curd Jürgens).

Mattoni wird Karajans geradezu hörig-treu ergebener Privatsekretär, ein »Kurwenal«, wie ihn kein Tristan je hatte. Er wird Karajans rechte Hand. Er erledigt allen Papier- und Verwaltungskram. Er schirmt wie eine Mauer seinen Herrn und »Boß« vor den Unbilden dieser Welt ab. Er durchschaut Intrigen, legt Gegenschlingen, ist Diplomat oder schlägt mit frappierender Direktheit zu – je nachdem es opportun zu sein scheint. Er identifiziert sich mit allem, was sein Herr und Meister tut, sei es nun logisch oder eine Laune des Augenblicks oder wütende Explosion.

Wenn Mattoni etwas verlautbart, bedient er sich des »Wir«, zum Beispiel jenes geflügelten Wortes »Wir sind mit Österreich fertig!« Das klingt so stolz, daß man ihm ganz gewöhnliche Botengänge, wie Karajan sie ihm zumutet, gar nicht zutraut. Mit Grandseigneur-Haltung erledigt er sie. Und mit äußerster Diskretion kümmert er sich auch um ganz Privates. Diese Würdigung des alten Herrn, der sich in seinem achten Lebensjahrzehnt von seinen dienenden Ämtern zurückzog, ist unabdingbar, denn er wirkte über lange Strecken in Karajans Lebensweg, und nicht der einfachsten, als sein unwandelbarer Schatten. 1985 starb er in Salzburg – in der Nähe seines Chefs.

1951: Erste Bayreuther Wagner-Festspiele nach dem Krieg. Herbert von
Karajan (2. v. lks.), Dirigent von »Die Meistersinger von Nürnberg«,
inszeniert von Opernregisseur Rudolf Hartmann (3. v. lks.) – dazu Wie-
land Wagner (rechts) und, als Assistent, Paul Hager, der später Karajans
Oberspielleiter in Wien und dann Generalintendant in Dortmund wurde.
(Foto: Bildarchiv Bayreuth. Festsp.)

Zurück in den Anfang der 50er Jahre: In Salzburg bei den Festspielen dominierte Furtwängler. Karajan hatte dort wenig bis nichts zu tun. Da winkte Bayreuth. 1951 wurden die ersten Richard-Wagner-Festspiele nach dem Krieg eröffnet. Wagner-Enkel Wieland lud Karajan für »Die Meistersinger von Nürnberg« und für den zweiten »Ring«-Zyklus ein. Den ersten leitete Altmeister Hans Knappertsbusch, zu dem sich Karajan heimlich in eine Klavierprobe einschlich, den Pianisten wegschickte und die Sänger selbst begleitete, natürlich nach den Taktschlägen des »Kna«. Der merkte erst nach einer Weile, daß da nicht mehr der Korrepetitor saß, sondern der Karajan. Da grinste er und schnarrte mit seiner heiseren Baßstimme: »Ich werd' Sie dem Wagner vorschlagen, vielleicht engagiert er Sie!«

Zusammen mit seinem einstigen Chordirektor Wilhelm Pitz aus Aachen schuf Karajan im verdeckten Orchestergraben nun Musikerlebnisse, die das internationale Festspielpublikum zu Begeisterungsstürmen hinriß und die harten Stühle im Bayreuther Zuschauerraum vergessen ließ.

Von der Probenatmosphäre zu »Die Meistersinger von Nürnberg«, die von Rudolf Hartmann inszeniert wurden, gibt Walter Eichner in der Bayreuth-Broschüre »Weltdiskussion um Bayreuth« (1952) einen Eindruck:

20. Juli 1951...Da wirbelt ein überschlanker Mann über die Bühne: Herbert von Karajan, der bisher nur hinter verschlossenen Türen mit dem Orchester geprobt hat. Wahre Wunderdinge erzählt man sich über diesen Dirigenten, von dem seine Mitarbeiter sagen, er hätte Sprungfedern im Gehirn. Bei einer Probe soll er einmal den Beckmesser gemimt haben, eine Figur, die er besonders liebt und, wenn Gott ihm eine Stimme geschenkt hätte, für sein Leben einmal selbst gesungen hätte. Er soll seine sämtlichen Partituren auswendig im Kopf haben und wenn er Bekannten begegnet, nicht etwa über Wagner, sondern über Skilaufen, sein Pilotenexamen und moderne Litera-

◁ Karajan am Klavier als »Korrepetitor« für Hans Knappertsbusch am Dirigentenpult bei einer Probe zu »Der Ring des Nibelungen«, Bayreuth 1951, dessen zweiten Zyklus Karajan dirigierte.

(Foto: Bildarch. Bayreuth. Festspiele)

tur plaudern. Karajan schiebt sich zwischen die Nürnberger Handwerker, gibt Einsätze und nimmt sich die Lehrbuben tüchtig vor. Er ist ein fanatischer Arbeiter, elastisch und stets bereit, selbst etwas vorzumachen oder mit zuzupacken. Und schon sitzt er am Klavier zusammen mit Wilhelm Schüchter, dem renommierten Dirigenten des NWDR-Hamburg, auf dessen Schultern die Verantwortung für die Einstudierung der schwierigen Meister-Ensembles ruht. Als der machtvoll aufdröhnende »Wach auf«-Chor an der Reihe ist, tritt Chordirektor Wilhelm Pitz in Aktion. Auch über ihn gibt es nur eine einzige Stimme, die der Begeisterung. Er ist ein Mann aus Deutschlands sangesfreudigster Ecke, der aus seinen Leuten das Letzte an Präzision und Dynamik herausholt. Sie würden alle für ihn und er für sie durchs Feuer gehen...

Der Enthusiasmus, der aus den Worten des Bayreuth-Pressechefs Dr. Eichner klingt, trug damals wohl alle auf dem Grünen Hügel zu Spitzenleistungen. Sechs Jahre nach dem Krieg wieder internationale Geltung – das war schon was!
Für Karajan gab's im folgenden Jahr »Tristan und Isolde« in Bayreuth. Wieland Wagner inszenierte. Wie im Vorjahr beim »Ring des Nibelungen« hatte der Wagner-Enkel auch im »Tristan« die Szene radikal entrümpelt.
Das gefiel Karajan nicht, der ein Bewahrer ist. Er hielt Wieland Wagner außerdem für einen »Despoten, der bei seinen Mitarbeitern die Unterordnung der Fähigkeit vorzog«. Genauer: Wieland zeigte sich Karajans Einwänden gegenüber unzugänglich.
Nach Bayreuth kam der »Generalmusikdirektor der Welt« fortan nie mehr, wenigstens nicht als Dirigent – höchstens mal als Zuschauer mit seiner schönen – dritten – Frau zusammen.

7. Kapitel

Der Imperator

Saint Tropez, Sommer 1956. Der französische Fabrikant und Multimillionär Paul Louis Weiler gibt auf seiner Yacht eine rauschende Party für Leute, die man allgemein als »Jet-Set« bezeichnet. Zur Verschönerung des Festes hat er ein paar Mannequins aus Paris einfliegen lassen. Darunter ist eine 21jährige mit auffallend blonden Haaren, Mannequin aus dem Hause Dior, Tochter eines Studienrates, gebürtig in Nizza. Sie heißt Eliette Mouret.
Auch ein berühmter Dirigent ist Partygast. Er heißt Herbert von Karajan.
Während des Diners sitzt der Dirigent neben dem Mannequin. Er ist faszinierend und fasziniert. Er plaudert lebhaft und hochinteressant über Gott und die Welt, nur nicht über Musik. Und dann...
– lädt er Mademoiselle Mouret ein. Zum Tennis am nächsten Tag. Er schlägt sie – im Spiel. Und dann... – nichts weiter. Eliette erinnerte sich 25 Jahre später: »Ich habe ihn bald vergessen.« Zunächst wenigstens.
Zunächst hatte auch Herbert von Karajan anderes zu tun. Er war dabei, sein Imperium der Musik zu gründen – er, Karajan, der Kaiser, Imperator maximus musicae. Nichts mehr und nichts weniger. Angefangen hatte das ja schon, als er 1938 zum ersten Mal das Berliner Philharmonische Orchester dirigieren durfte. Da schwor er sich: »Dieses Orchester will ich mehr als alles andere auf der Welt!«
Aber – wie er schon Ende der dreißiger Jahre Tietjen gegenüber sich als gewiefter Karriere-Stratege erwiesen hatte – er praktizierte auch jetzt wieder die geduldige Abwartehaltung, oder anders gesagt, das Lauern der Katze auf die richtige Gelegenheit. Dieses Bild hat er selbst beschrieben: »Ich bewundere Katzen. Schauen Sie mal, wie eine Katze genau abwägt, ob sie ihr Ziel in einem Sprung erreichen kann, wie sie sich dazu Zeit läßt, wie sie dabei unablässig scharf beobachtet und nur springt, wenn sie gewiß ist, daß es gelingt – sonst läßt sie's.«

So Karajan auch um 1950. Die Berliner hätte er gern. Die ihn übrigens auch. Der Orchestervorstand Ernst Fischer korrespondiert schon 1950 mit Philharmoniker-Dirigent Wilhelm Furtwängler über Karajan. Der hat zwar nichts gegen das eine oder andere Konzert, das der jüngere »begabte Dirigent« in Berlin dirigieren könne, nur Konzertreisen der Berliner Philharmoniker mit Karajan – die sieht er nicht gern. Daß für Furtwänglers auch in den nächsten Jahren noch distanzierte Haltung dazu die Abfuhr gravierend war, die er in Wien von der Gesellschaft der Musikfreunde zugunsten Karajans und seiner »Matthäuspassion« bekommen hatte, liegt auf der Hand.

Karajan aber drängelte gar nicht. Er zeigte sich auf einer Riesentournee mit dem Philharmonia Orchestra London, 1952, in Berlin und brachte sich beifallumbrandet in Erinnerung. Ernst Fischer ergriff die Gelegenheit zu einem Gespräch mit Karajan. Am 3. Juni schrieb der Orchestervorstand an den seit einiger Zeit kränkelnden Furtwängler (der außerdem immer häufiger behauptete, er sei ja eigentlich gar kein guter Dirigent, sondern viel besser als Komponist): »Anschließend an die Konzerte habe ich nun mit Herrn von Karajan über unsere Pläne gesprochen. Das Ergebnis war, wie die vorher geführte Korrespondenz, ganz ergebnislos. …Von den ergebnislosen Besprechungen haben wir dem Senat Mitteilung gemacht, damit nicht wieder Mißdeutungen und Entstellungen verbreitet werden, als ob Sie oder das Orchester nicht wünschten, daß Karajan nach Berlin kommt.«

Inzwischen gastierte Karajan emsig weiter, sei es mit dem Londoner Philharmonia Orchestra, sei es mit den Wiener Symphonikern, sei es als Gast bei anderen Orchestern – der »Herr von Karacho«, der »Propeller-Herbert«, um nur einige seiner Spitznamen zu nennen, machte überall Musik, wo er Beachtung fand und sein internationales Ansehen festigen konnte.

1949: Karajan mit seiner zweiten Frau Anita, geb. Gütermann. Offensichtlich hatte der Meister kurz vorher sein Auto selbst repariert: Der ölverschmierte Trenchcoat läßt darauf schließen.

(Foto: Bilderdienst Süddeutscher Verlag)

Um »beweglicher« zu werden, lernte er im Sommer 1953 in der Schweiz, in Ascona, fliegen. In die Lüfte steigen, alles Kleine unter sich lassen, das ist's, was ihm entspricht. Einige Jahre später wird er stets das eigene Flugzeug benutzen, wenn er »demissioniert« oder »die Tür hinter sich zuschlägt«. Dann verschwindet er einfach in Richtung Flugplatz, und weg ist er.

Doch endlich schien ihm der Boden in Berlin tragfähig zu sein: Philharmoniker-Intendant Gerhart von Westerman und Berlins Kultursenator Joachim Tiburtius luden ihn ein. Karajan dirigierte am 8. September 1953 sein erstes Konzert nach dem Krieg mit dem Berliner Philharmonischen Orchester im Titania-Palast: Es eröffnete die Berliner Festwochen. Auf dem Programm standen Bartoks Konzert für Orchester und Beethovens »Eroica«. Ein Jahr darauf, am 23. September 1954, leitete er wiederum ein Philharmonisches Sonderkonzert der Berliner Festwochen mit Werken von Bartok, Mozart und Brahms. Bezeichnend ist, was der bedeutende und erfahrene Musik-Kenner und -Kritiker Friedrich Herzfeld in der »Berliner Morgenpost« schrieb:

> Karajan ist im Grunde der alte geblieben. Er betet beim Dirigieren immer noch wie ein Heiliger und lächelt beim Verbeugen wie ein Conférencier. Die Virtuosität seiner Orchesterpalette ist beinahe ohne Vergleich…Seinerzeit wurde er gleich gegen Furtwängler ausgespielt. So ist es bis heute geblieben…Ein Triumph der Virtuosität!…Er ist kein Priester, sondern ein Magier, freilich einer, der wunderbaren Zauber anzurühren versteht.

Ende November 1954 ist Herbert von Karajan in Rom zu Aufnahmen von Bizets »Carmen« für RAI, den italienischen Rundfunk. Am Mittwoch, dem 1. Dezember, frühstückt er zusammen mit André von Mattoni im Hotel. Auf einem Silbertablett wird ein Telegramm gebracht. Kein Absender, anonym, nur sieben Worte: »Le roi est mort, vive le roi« (Der König ist tot, es lebe der König!). Mattoni springt auf, läuft zum Kiosk an der Straßenecke, kauft eine Zeitung. Auf der ersten Seite steht: »Furtwängler gestorben!«

Am nächsten Vormittag ruft Gerhart von Westerman in Rom an: »Herr von Karajan, können Sie die geplante Tournee der Berliner Philharmoniker durch die USA anstelle von Furtwängler überneh-

men?« Und Karajan antwortet prompt: »Mit dem größten Vergnügen – aber nur als sein Nachfolger auf Lebenszeit und zu denselben Vertragsbedingungen wie Dr. Wilhelm Furtwängler.«
Veranstalter der USA-Tournee war das Columbia Artists Management, eben die »Columbia«, mit der Karajan sowieso via Philharmonia Orchestra London verbandelt war. Und »Columbia« wünschte Karajan als Furtwängler-Ersatz. Das kam den Wünschen des Berliner Philharmonischen Orchesters entgegen. Die Vollversammlung faßte am 13. Dezember 1954 eine Resolution: Intendant Gerhart von Westerman möge mit Herbert von Karajan Verhandlungen mit dem Ziel einleiten, ihm »die Leitung der großen Philharmonischen Konzerte und der Reisen für einen noch näher zu bestimmenden Zeitraum zu übertragen«.
Der Zeitraum war von Karajan bereits bestimmt: »auf Lebenszeit«. So geschah es.
Nun mußte sich Karajan noch von seinen Verpflichtungen an der Mailänder Scala lösen. Dort studierte er gerade »Die Walküre« ein. André von Mattoni brachte das Kunststück mit diplomatischem Geschick fertig: Scala-Intendant Ghiringhelli gab Karajan frei und wünschte ihm noch dazu alles Gute!
Die Amerikareise dauerte vom 25. Februar bis zum 2. April 1955. Zuerst war Karajan wegen seiner Parteizugehörigkeit im Nazi-Reich einem Trommelfeuer massiver Angriffe ausgesetzt. Dagegen schirmte ihn seine Frau Anita weitgehend ab. Es dauerte nicht lange, da entwickelte sich die Tournee zu einem Triumphzug. Und unterwegs – am 5. März – bestätigte das gesamte Orchester seine Resolution und wählte Herbert von Karajan einstimmig zum Chef auf Lebenszeit. Daß der Vertrag, den Kultursenator Tiburtius am 24. April, Karajan am 25. April und Berlins Finanzsenator Haas am 26. April unterzeichneten, nicht in allen Punkten haargenau so lautete wie der des Dr. Furtwängler, sollte sich erst beim Großkrach 1984, also fast 35 Jahre später, herausstellen. Wieder ein Grund mehr für Karajans Mißtrauen – denn er hatte dem Senator Tiburtius aufs Wort vertraut, als er forderte und ihm versprochen wurde: genau dieselben Bedingungen wie Furtwängler.
Die Wiener Philharmoniker hätten den Karajan auch gern gehabt, denn Furtwängler war ja auch ihr »Chef« gewesen. Sie kamen zu spät mit ihrem Angebot. Der Österreicher Karajan hatte sich für Berlin entschieden – und hat das, trotz Differenzen und Auseinandersetzungen härterer Gangart, doch nie bereut. Genau ein Jahr

später allerdings unterzeichnete er daneben noch einen Vierjahresvertrag als künstlerischer Leiter der Salzburger Festspiele – eine führende Position, die extra für ihn geschaffen worden war. Natürlich gab der Maestro die Mailänder Scala nicht auf. Dort schuf er bejubelte Operninszenierungen. Zum Beispiel jene »Lucia di Lammermoor« von Donizetti mit der Superprimadonna Maria Callas. Nach dem Gastspiel mit jener Produktion am 12. Juni 1956 an der Wiener Staatsoper wurde Karajan als künstlerischer Leiter an dieses weltberühmte Institut berufen. Ein weiterer Baustein zum Imperium seiner Träume.

Jetzt führte er bis dahin unerhörte Dinge ein: Die Opern wurden fortan obligatorisch in der Originalsprache gesungen – auch im Repertoire-Alltag. Karajan vertrat den Standpunkt: In der Zeit der immer besser werdenden Schallplatte, des HiFi-Rundfunks, des Düsenflugverkehrs und später auch des Fernsehens verlangt das Publikum mit Recht die Spitzenstars der Welt. Und die singen nun mal Verdi- und Puccini-Opern auf italienisch: erstens, weil die besten von ihnen sowieso Italiener oder Spanier sind. Und zweitens, weil sie in ihrer Originalsprache rund um den Erdball gastieren können. Denn es ist ja einleuchtend, daß eine Maria Callas, eine Renata Tebaldi, ein Mario del Monaco, ein Giuseppe de Stefano ihre Partien nicht auf deutsch (oder für die »Met« in New York auf englisch) gesungen hätten – sie wären eben einfach an deutschen oder anderssprachigen Opernhäusern nicht aufgetreten. Oder es wären so unmögliche Sachen passiert wie im Wien der Vor-Karajan-Zeit, daß ein Sänger italienisch, eine Sängerin englisch, der Chor aber deutsch in ein und derselben Oper gesungen hätten.

Diesem Unfug machte Karajan in Konsequenz seiner künstlerischen Ziele radikal ein Ende. Nach seinem Motto: Das Beste ist gerade gut genug. »Wir leben ja nicht mehr in der Zeit der Gasbeleuchtung«, wiederholte er in Gesprächen immer wieder, »also können wir auch nicht mehr Theater wie zu Zeiten der Gasbeleuchtung machen!« Und er bezog das nicht nur auf Live-Aufführungen, sondern auch – mit seinem überragenden, aus nie erlahmender technischer Neugier gespeisten Weitblick – auf den Fortschritt und die Entwicklung aller Kommunikationsmedien.

◁ Das erste Foto nach Karajans dritter Hochzeit: der Maestro (50) und seine junge Frau Eliette (23). (Foto: AP)

Karajan reizte nun sämtliche Möglichkeiten aus, um Gesamtgastspiele zwischen der Mailänder Scala und der Wiener Staatsoper auszutauschen. Ja, er plante sogar für die Zukunft eine umfassende Organisation der größten und bedeutendsten Opernhäuser, um die nicht allzu große Zahl der besten Opernstars der Welt sinnvoll und termingerecht in höchster Qualität einzusetzen. Seine Idee von »Ensemble-Theater«: Nicht, wie das herkömmliche Prinzip, in einer Stadt fest engagierte Künstler zusammenzuhalten, sondern für eine bestimmte Inszenierung ein Spitzenensemble für jeweils eine gewisse zusammenhängende Zeit en bloc in Mailand, Wien, Berlin, Genf, Paris oder welche Metropolen das auch immer hätten sein können, gastieren zu lassen – ein tatsächlich weit gespannter Plan von fürstlichen Ausmaßen. Berlin, Wien, Mailand, Salzburg, London (als Chef des Philharmonia Orchestra London) – das waren zu dieser Zeit die Hauptstädte seines Kaiserreichs der Musik.

Sein ganz privates, persönliches Reich – seine zweite Ehe – mußte darüber wohl zwangsläufig in die Brüche gehen. »Nach dem stürmischen Wiederbeginn« in den 50er Jahren »setzt zwischen Karajan und Anita eine Entfremdung ein, die schließlich zur Trennung führt«, schreibt Robert C. Bachmann. Es ist wohl so wie damals die Zeit mit Elmy – nur noch hektischer, bei allem Yoga-Ausgleich…

Anita jedenfalls wendet sich allmählich anderen Interessen zu – was bleibt dieser durchaus selbstbewußten Frau übrig bei einem Mann, den sie so gern auch für sich haben möchte, der aber nie da ist. Sie ist eine zu starke Persönlichkeit, um im Wartestand zu verharren, zumal sie sich »auf dem Höhepunkt ihrer physischen Reife von Karajan nicht genug benötigt« (Bachmann) fühlt. In aller Stille wurde die Ehe, die 1942 begann, 1958 geschieden. Anita heiratete nicht wieder und behielt, wie Elmy, den Namen »von Karajan« bei.

Bei aller Umtriebigkeit ist Herbert von Karajan, was seine Beziehungen zu Frauen betrifft, in der damaligen Zeit sicher kein Kind von Traurigkeit gewesen. Nur manifestierte sich das niemals, es blieb vorübergehend und im Verborgenen – bis… ja, bis er eines Tages im Jahre 1958 in London dirigierte.

Längst sind dort seine Konzerte festliche Ereignisse und stets ausverkauft. Eliette Mouret – mit einem Mitglied des britischen Königshauses so gut wie verlobt – besucht diesen Abend in der

Royal Festival Hall. Applaus! Karajan verbeugt sich, bemerkt die blonde Schöne im Parkett, lächelt, nickt ihr zu. Sie schickt ihm einen Zettel in das Künstlerzimmer. »Do you remember St. Tropez?« (Erinnern Sie sich an St. Tropez?), hat sie darauf gekritzelt. Minuten danach bittet Karajans Privatsekretär André von Mattoni die junge Dame in die streng abgeschirmte Garderobe, ins Dirigentenzimmer. »Haben Sie heute abend Zeit, mit mir essen zu gehen?« fragt der Maestro und schaut sie mit seinen eisblauen Augen durchdringend an. »Leider nein«, antwortet Eliette. »Morgen?« – »Da habe ich eine Verabredung.« – »Übermorgen?« – »Ja, das geht!« Das Dinner findet im Hause von Walter Legge und seiner Frau Elisabeth Schwarzkopf statt.

Von Anita war Karajan kurz zuvor geschieden worden. Außer den direkten Beteiligten und dem getreuen Mattoni wußte kaum jemand was davon. Und Eliette gab ihrem »Verlobten« die königlich-britischen Juwelen zurück, die sie schon geschenkt bekommen hatte.

Karajan war gerade 50 Jahre alt, Eliette Mouret 23 Jahre jung.

»Um unser 50. Lebensjahr«, sagte Karajan viel später einmal seinem Freund, dem Marquis José Luis de Vilallonga, »erfaßt uns die wütende Gier, alles nochmal von vorne zu beginnen. In dem Alter will man nicht mehr nehmen, sondern geben...«

Ihr damaliger Chef, Victor Stiebel, Modeschöpfer der britischen High Society mit so erlauchten Kundinnen wie Prinzessin Margret und Prinzessin Alexandra von Kent, beschrieb das Starmannequin Eliette in seinen Memoiren 1963 so:

»Selbst wenn ich nicht die schlanke junge Figur des Mannequins mit dem schönen Kopf – das Haar schien von Seidenraupen zu einer glänzenden goldenen Krone gesponnen zu sein – bemerkt hätte, wäre ich von dem Lächeln Eliette Mourets entzückt genug gewesen, sie zu engagieren – von ihrem glücklichen Lächeln und ihrer einnehmenden Stimme.

Wenn dieses Geschöpf den Salon betrat, herrschte plötzlich eitel Sonnenschein. Alle hatten sie gern, nicht nur alle meine Angestellten, auch alle Kundinnen, eine keineswegs geringere Leistung für eine schöne junge Frau.

Eines Tages, kurz nachdem sie zu uns gekommen war, platzte sie mit den Worten heraus: ›M'sier, j'ai attrapé un duc‹ (ich habe mir einen Herzog eingefangen). Sie lachte herzhaft, es amüsierte sie köstlich, einen Herzog als Verehrer geangelt zu haben. Aber im

Grunde genommen bedeuteten Eliette große Namen nicht viel. Sie war sofort von der Londoner Gesellschaft aufgenommen worden, aber in Wirklichkeit war sie einfach ein Bauernmädchen, und als sie schließlich fand, was sie wollte, war es ihr bäuerlicher Instinkt für wirkliche Werte, der ihre Handlungen bestimmte. Sie nahm Deutsch-Unterricht, kaufte sich einen Plattenspieler und Schallplatten und begann ernsthaft, klassische Musik zu hören und sie zu verstehen. Heute ist Eliette Mouret Frau von Karajan.«

Die Hochzeit hatte echt karajansches Gepräge. Sie fand heimlich statt. Telefonisch war der völlig verdutzte André von Mattoni, der sich gerade in Rom aufhielt, von seinem Herrn verständigt worden: »Ich heirate morgen in Mégève. Kommen Sie sofort. Bringen Sie Ringe und ein Brautbukett mit.« Mattoni raste im Auto los, besorgte unterwegs in Genf das Gewünschte, hetzte weiter in den französischen Wintersportort Mégève, 30 Kilometer westlich des Mont Blanc. Am 6. Oktober 1958 heirateten Herbert von Karajan und Eliette Mouret standesamtlich. Trauzeugen waren André von Mattoni und Eliettes Skilehrer. Die kirchliche Trauung des katholischen Paares fand sechs Jahre später statt – ebenfalls ohne Aufsehen.

»Ich bin der Inbegriff von allem Luxus, nach dem Herbert sich sehnt«, sagte Eliette einmal zum Marquis de Vilallonga. Und daran ist etwas Wahres. Die blonde Frau an seiner Seite unterstreicht die Männlichkeit des Maestro, und er erfreut sich an ihrer ästhetischen Erscheinung. Denn er liebt alles Schöne, nicht nur in der Musik.

Das reicht tief in seine Arbeit hinein. Davon erzählte Paul Hager, der an der Wiener Staatsoper Oberspielleiter und einer der engsten Mitarbeiter Karajans war (Hager starb am 10. April 1984 im Alter von 58 Jahren als Generalintendant in Dortmund während einer Bühnenprobe).

Der Maestro – künstlerischer Direktor mit unumschränkter Macht, so schien es – inszenierte 1962 die Oper »Pelléas und Mélisande« von Claude Debussy. Unzählige Beleuchtungsproben hielt Karajan mit dem von ihm eingerichteten technischen Apparat ab.

»Er träumte sich mit Licht in die Landschaft hinein«, erinnerte sich Hager. »Man hatte eine Statistin mit langer Perücke bestellt. Die stand als ›Mélisande‹ oben auf der Bühne und wurde nun stundenlang verschiedenartig probebeleuchtet. Aber nichts gefiel dem Meister. Da wandte er sich plötzlich mit dem ganzen Charme des altösterreichischen Adligen zu seiner Frau um, die im dunklen Zuschauerraum saß. Er nahm ihr den Pelzmantel von den Schultern und bat sie in französischer Sprache: ›Bitte, sei so lieb und geh' mal dort hinauf und öffne dein Haar!‹

Das tat Eliette. Jetzt stand *sie* auf dem Balkon im Bühnenbild. Die fast bis in die Kniekehlen reichenden, langen blonden Haare hingen schimmernd herab – und Karajan ›elektrisierte‹ nun das ganze Theater. Mit seinem intensiven Empfinden für Debussys Musik beleuchtete er die Haare seiner Frau. Er war im höchsten Paradies, im siebten Himmel – einundeinviertel Stunden lang hat das Ganze gedauert. Dann küßte er ihr die Hand: ›Merci, Chérie!‹ und war furchtbar nett zu ihr.« Soweit Paul Hager. Und »Pelléas und Mélisande«, das wurde eine der wundervollsten Aufführungen der Wiener Staatsoper während Karajans Direktionszeit.

An Karajans Regie-Künsten ist oft herumgekrittelt worden: So ein genialer Dirigent, hieß es, warum muß er denn noch inszenieren? Das kann er doch gar nicht. Die Erklärung ist ganz einfach: Ihn stören Bühnenvorgänge beim Dirigieren, wenn sie seiner Meinung nach nicht der Musik entsprechen (und auch nicht dem Willen der Schöpfer). Denn im Gegensatz zum Konzert schließt Karajan beim Auswendigdirigieren in der Oper nicht die Augen. Und da er oft mit den Einfällen und Gags anderer Regisseure nicht einverstanden ist, dirigiert und inszeniert er seine »Bilder« lieber selbst in Personalunion. Die ersten Male tat er das – was man kaum weiß – schon in Aachen mit »Die Meistersinger von Nürnberg« (1940) und »Der Rosenkavalier« (1941). Und er kann es eben doch, weil er sein Handwerk beherrscht, das er von der Pike auf gelernt hat. Und weil er ein feines Empfinden für die Zusammenhänge von Musik, Farbstufungen feinster Art und Bewegungsabläufen hat.

Manches – das warf man ihm vor – geriet ihm auf der Bühne zu dunkel, trotz zahlloser Beleuchtungsproben. Birgit Nilsson, die berühmte Wagner-Sängerin, erschien deswegen mal zu einer Probe mit einer Grubenlampe auf dem Kopf. Oder sie moserte, wie Hager es erlebte: »Da sagte die Birgit in ihrem schwedischen Haus-Hof-Besitzerinnenstolz: ›Was tu ich eigentlich hier, soll ich hier 'nen Wurm spielen? Auf der Probe erklärt er mir, was ich alles für Haltungen einnehmen soll, wie schön das aussieht, und dann ist aber auch gar nichts davon zu sehen in dieser Dunkelheit!‹«

Zum endgültigen Zerwürfnis zwischen den beiden Großen kam es wohl bei den Proben zu »Tristan und Isolde« in Wien. Auch da war's dunkel im zweiten Akt. Ein Punktscheinwerfer war dagegen auf den Dirigenten gerichtet, damit man seine Handbewegungen für die Einsätze sah. Auf der Bühne jedoch gab es nur einige Seitenscheinwerfer aus den Kulissen quer über die Szene.

Während Karajan – Kopfhörer übergestülpt und alle möglichen elektrischen Geräte um sein Pult herum – immer wieder hinaufrief, sie solle »das Licht suchen!«, hatte sie schon ein paar Mal gesagt: »Eigentlich ist es mir genug, die Isolde ›zu suchen‹ und nicht auch noch das Licht.« Bald nach der stürmischen Stelle, wo sie zu singen hatte: »Bist du mein?« und Tristan ihr antwortete: »Hab ich dich wieder?«, brach die Nilsson ab, legte die Arme übereinander, ging an die Rampe und hockte sich nieder. Karajan merkte zunächst nichts, geblendet, Kopfhörer auf, endlich doch: Leere da oben. Er klopfte ab, und da sagte die Nilsson in Umkehrung des Originaltextes von Wagner zu Karajan den klassischsimplen Satz: »Im Lichte du, im Dunkel ich!« (bei Wagner: »Im Dunkel du, im Lichte ich«).

Hager: »Es hat da keiner laut zu lachen gewagt, und es hat auch nie eine Versöhnung mehr gegeben.« Karajan blieb, obgleich er kein Wort über den Vorfall verlor, eiskalt distanziert. Die Nilsson allerdings behielt ihren Humor. Als sie – nach endlos schwierigen Vertrags- und Terminverhandlungen – 1968 zu »Walküre«-Proben in Karajans Inszenierung an der New Yorker »Met« eintraf, begrüßte der Generalmanager Rudolf Bing die Wagner-Heroine mit einem eleganten Kniefall und küßte ihr devot die Hand, worauf die Nilsson huldvoll lächelte: »Nu, und wo ist Herbie?«

Aber auch Karajan konnte Humor zeigen. Anläßlich der 75. (!) Beleuchtungsprobe für »Götterdämmerung« 1960 in Wien überreichte der Betriebsobmann der Staatsoper dem Chef einen Lorbeerkranz des gesamten Personals – den sich Karajan lachend gleich über die Schulter legen wollte. Nur war der Kranz selbst für den zierlichen, schlanken Maestro leider zu klein...

Daß Karajan durchaus schlüssig zu inszenieren wußte, hat sich inzwischen erwiesen. Er hielt sich stets an die Idee der Schöpfer und betonte: »Bei mir wird die ›Aida‹ niemals eine Putzfrau sein« – wie in Frankfurt –, »und der Rhein ist weder bei Wagner noch bei mir die Ruhr im Kohlenpott« – wie in Bayreuth. »Ein Werk ist ein Dokument. Ich begehe keine Dokumentenfälschung!«

»Er ist das genaue Gegenteil eines Heuchlers«, charakterisierte Generalintendant Paul Hager seinen einstigen Chef. Und eben das machte in Wien dem Maestro das Leben schwer. »Er ist groß im Organisieren enormer Pläne und Projekte«, so Hager, »aber er bringt ›das Kleine‹ in seiner Sprunghaftigkeit oft durcheinander.« Dazu kamen die vielen Querelen der dortigen Bundestheater-Bürokratie. »Jeder sagt in Wien: ›Ich stehe hinter Ihnen‹, aber wenn man sich umdreht«, beklagte sich Herbert von Karajan, »ist keiner da!«

Eines Tages aber war er selbst einmal nicht da. Der Tenor Anton Dermota erinnerte sich daran. Ende Juni 1960 sollte eine sonntägliche Festmatinee aus Anlaß des bevorstehenden 100. Geburtstages von Gustav Mahler stattfinden. Auf dem Programm: »Das Lied von der Erde«. Dermota hatte die Partie noch nie gesungen, und Karajan bestellte ihn für den Samstagnachmittag vorher zu einer Probe – doch Dermota wartete vergebens. Karajan kam nicht. Hatte er die Probe vergessen? Des Rätsels Lösung: Dem Maestro war gerade eine Tochter geboren worden: Isabel. Es war der 25. Juni 1960. Und Karajan bat nach dem Sonntagskonzert, das er nicht »vergessen« hatte, die Wiener Philharmoniker, zur Taufe Pate zu stehen. Die Zeremonie fand in der Waldkapelle von Oberndorf bei Kitzbühel statt. Das Streichquartett der Wiener Philharmoniker spielte zusammen mit dem Klarinettisten Alfred Prinz zu Ehren der kleinen Isabel den langsamen Satz aus Mozarts Klarinettenquintett und die berühmte Sopranistin Elisabeth Schwarzkopf sang das »Ave verum« von Mozart – auf dem dörflichen Harmonium begleitete der stolze Papa Herbert von Karajan, kraftvoll die schnaufenden Bälge tretend.

An solch eine Idylle war anderthalb Jahre später kaum zu denken: Die Bühnenarbeiter der Bundestheater streikten. Sie wollten die längst fällige Überstundenregelung bei der Bundestheaterverwaltung durchsetzen. Karajan, der künstlerische Leiter der Wiener Staatsoper, inszenierte gerade »Pelléas und Mélisande«. Durch den Streik war er gezwungen, seinen Bühnenbildner Günther Schneider-Siemssen zu veranlassen, »das Bühnenbild zu vereinfachen«. Das machte Schneider-Siemssen so: »Wir haben uns auf das rationelle Licht und auf Projektoren beschränkt.« So schlug die Geburtsstunde von Karajans Lichtregie.

Die Premiere am 6. Januar 1962 wurde zu einem Ruhmesblatt der Staatsoper, darüber hinaus aber auch zu einer Manifestation der

Zusammengehörigkeit von »Boß« und technischem Personal. Ein Betriebsrat: »Diese Schlacht haben wir Ihnen zuliebe geschlagen!«

Trotz alledem mußte nun endlich eine Lösung der Überstundenfrage gefunden werden. Vorschläge wurden gemacht und verworfen. Schließlich bemühte sich Unterrichtsminister Dr. Heinrich Drimmel zum Maestro in die Oper. Das ereignete sich am 30. Januar: Dr. Drimmel bat Karajan, die Verhandlungen selbst zu führen. Karajan sagte zu, er würde sich nach Rückkehr von einer unaufschiebbaren Reise sofort um die Sache kümmern.

Zwei Tage später ließ das Unterrichtsministerium verlauten, »wegen der schwerwiegenden ungelösten Probleme« könne der Opernball 1962 nicht stattfinden.

Eine Bombe hätte keine aufrüttelndere Wirkung haben können: Der geheiligte Wiener Opernball, internationales Jahresereignis mit Tradition, sollte ausfallen? Plötzlich entstand Hektik: Die Bundestheaterverwaltung verhandelte hinter Karajans Rücken direkt mit der Bühnenarbeitergewerkschaft. Als der Chef am 5. Februar zurückkam, fand er die Situation völlig verworren vor, die Bedingungen, unter denen der Kompromiß zustandegekommen war, konnte und wollte er nicht akzeptieren. Der Opernball – der damit allerdings gerettet war – kümmerte ihn nicht. Er hatte sich wieder einmal umgedreht, um den zu suchen, der hinter ihm stand, aber da war eben keiner.

Am 7. Februar reichte Herbert von Karajan seine Demission ein und erklärte den Rücktritt von allen seinen Ämtern an der Wiener Staatsoper.

Dann fuhr er umgehend zum Flugplatz, bestieg das nächste Flugzeug und entschwand in die Schweiz.

Am folgenden Tag: Künstlerisches und technisches Personal traten aus Sympathie für Karajan in einen Sitzstreik. Am Abend mußte der berühmte italienische Dirigent Tullio Serafin vor Beginn der Verdi-Oper »Ein Maskenball« den schon erhobenen Taktstock sinken lassen, denn das Publikum dröhnte Sprechchöre: »Wir wollen unseren Karajan wieder!«

Einen Monat lang dauerte das Hickhack zwischen der österreichischen Ministerialbürokratie und Karajan, der sich abwechselnd in Zürich (bei seinen Rechtsanwälten), in Schruns (wegen seiner angegriffenen Gesundheit und zum Skifahren), in Berlin (bei seinen Philharmonikern) und in St. Moritz (bei seiner Familie)

Herbert von Karajan (rechts) und der Direktor der Wiener Staatsoper, Generalintendant Walter Schäfer. (Foto: Keystone)

aufhielt. Es ging nicht nur um die Überstunden, sondern auch ums Budget, auf dem die Bundestheaterverwaltung so den Daumen hielt, daß Karajan, wie er behauptete, nie wußte, wieviel Geld er eigentlich für die Oper zur Verfügung hatte (für Engagements von Spitzensängern etc.). Da meckerte irgendein Beamter dann an irgendwelchen Ausgaben herum, deren Notwendigkeit er hinter seinem Verwaltungsschreibtisch gar nicht übersehen konnte. Und das hielt Karajan – mit Recht – für eine Behinderung seiner Kompetenz und Entscheidungsbefugnis als künstlerischer Leiter. Am 5. März endlich schien die glückliche Lösung gefunden zu sein: Karajan schlug einen Mit-Direktor für die verwaltungstechnische Seite innerhalb der Staatsoper vor und verlangte gleichzeitig die Loslösung aus den Klauen der Bundestheaterverwaltung. Am 10. März siegte der Künstler Karajan dann über die Bürokratie

– ein einmaliger Vorgang, der sich im übrigen in Wien auch nie wiederholt hat: Die Staatsoper wurde von der Ministerialbürokratie unabhängig; als Ko-Direktor wurde der Generalintendant der Württembergischen Staatstheater Stuttgart, Dr. Walter Erich Schäfer, verpflichtet.

Schäfer allerdings war ein erfahrener und deshalb vorsichtiger Mann. Sicherheitshalber ließ er sich von Stuttgart zunächst nur für ein Jahr beurlauben. Mit einem Bein blieb er lieber bei den Schwaben – und er tat gut daran. Das andere brach er – nicht nur symbolisch, sondern tatsächlich. Dieser Beinbruch, später von Herzbeschwerden gefolgt, rettete den damals 61jährigen Schäfer vor der Wiener Kamarilla, an die er sich sowieso nicht hatte gewöhnen können. Er zog sich also wieder nach Stuttgart zurück. Mittlerweile entwickelte sich das 63er-Jahr für Karajan immer düsterer. Während er im Ausland dirigierte, mußten am 13. Mai die Zuschauer, die für »Die Meistersinger von Nürnberg« gekommen waren, nach Hause geschickt werden. Die Vorstellung fiel aus. Ungeheuerliches war geschehen: Ursprünglich war für diesen Abend »Der Fliegende Holländer« angesetzt gewesen. Von der Vorstellungsänderung wußten alle außer einem: dem Tenor Wolfgang Windgassen, der den Stolzing hätte singen müssen. Ihn hatte man nicht verständigt. Er war also auch nicht angereist.

Ko-Direktor Schäfer stand nicht mehr zur Verfügung. In der Staatsoper ging's ziemlich durcheinander. Ein neuer Direktor mußte her! Da wurde – von welcher Seite, ist nicht mehr auszumachen – ein Mann empfohlen, der als glühender Opernenthusiast bekannt war: Dr. Egon Hilbert. Wie erinnerlich, hatte der sich nach Kriegsende sehr für Karajan eingesetzt. Jetzt war er Leiter der Wiener Festwochen, damit nicht ausgelastet und außerdem intern dafür bekannt, daß er dem Karajan nicht die Erfolge gönnte und lieber selber Opernoberster wäre.

Paul Hager warnte Karajan: »Das geht böse aus!« Aber Karajan sagte: »Ach was, laden wir ihn doch mal zu uns ein und reden wir mit ihm.« Die Einladung sprach André von Mattoni aus.

Hilbert kam, dachte, er solle nur mal mit Mattoni reden, sah sich plötzlich aber Karajan gegenüber. Der machte kurzen Prozeß, setzte dem verdutzten Hilbert seinen Standpunkt auseinander, fuhr mit ihm gleich zum Minister Dr. Drimmel. Die beiden wurden sofort vorgelassen. Und schon war Hilbert Mit-Direktor. Das wurde am 10. Juni 1963 offiziell bekanntgegeben.

Das ganze Geschehen spricht für Karajans Naivität und schlechte Menschenkenntnis. Hilbert war nicht zu halten: Er mischte sich in zunehmendem Maße in künstlerische Belange ein, erhob Anspruch auf den Titel »Staatsoperndirektor«, der ihm nicht zustand und wieselte ständig im Bühnenbereich herum, wo er mit seinen opernfanatischen Tiraden den meisten Künstlern auf die Nerven ging.

Dabei sei allerdings eines nicht vergessen: Als am 11. September 1949 Richard Strauss um die Mittagsstunde auf dem Münchener Ostfriedhof eingeäschert wurde, hieß der, der die ergreifendsten Abschiedsworte in der Schar der Trauerredner am Sarg des großen Komponisten fand, Egon Hilbert...

»Eine sonderbare Gestalt«, hat Walter Erich Schäfer ihn in seinen Erinnerungen »Bühne meines Lebens« genannt. Und das war Hilbert wohl. Aber auch einer, für den das Theater – speziell die Oper – das elementare Leben bedeutete. Schäfer: »Selbst seine erbittertsten Feinde sagten: ›Wenn wir ihn zum Rücktritt zwingen, so stirbt er in dem Augenblick, wo er das Theater verläßt. Und wer mag schon ein Mörder sein?‹ Egon Hilbert«, so schrieb Schäfer weiter, »verließ das Theater und starb buchstäblich im selben Augenblick.« Herzschlag am Tag nach seiner Verabschiedung.

Zurück ins Jahr 1963. Da kam der Krach um den »Maestro Suggeritore«, den in italienischen Opernhäusern üblichen Souffleur-Dirigenten. So einen wollte Karajan für die »La Bohème«-Premiere des Gast-Ensembles der Mailänder Scala am 3. November haben. Dagegen legten sich Gewerkschaft und Sozialministerium quer. Sie verweigerten die Arbeitserlaubnis und die auch nur gastweise Anstellung des Italieners. Karajans Darlegungen, daß der vorhandene österreichische Haus-Souffleur eben eine grundlegend andere Funktion als der italienische Maestro Suggeritore habe, wurden ignoriert. Erst sieben Monate später sollte der Verwaltungsgerichtshof in Wien dem Standpunkt Karajans rechtgeben – aber da war natürlich schon alles zu spät.

Am 3. November jedenfalls traten Karajan (im Frack) und Egon Hilbert um 19.07 Uhr vor den Vorhang. Das ahnungsvolle Publikum machte Radau. Hilbert konnte sich nur mit Mühe Gehör verschaffen. Dann las er einen selbstverfaßten Text vor, demzufolge der Einsatz des Maestro Suggeritore eine künstlerische Entscheidung sei, »die nur die Direktion zu lösen in der Lage ist«. Und da diese Entscheidung von der Gewerkschaft nicht akzeptiert würde, »sehen sich die Direktion, der künstlerische Leiter und der Direktor gezwungen, die Verantwortung für die ordnungsgemäße Führung der Wiener Staatsoper so lange abzulehnen, bis die künstlerische Unabhängigkeit dieser Institution eindeutig festgestellt ist«.

Dann umarmte und küßte Hilbert den darob einigermaßen verblüfften Herbert von Karajan – und die Premiere fiel aus!

Karajan hielt sich aber nicht lange auf. Er fuhr sofort nach München. Dort bereitete er die Premiere »Fidelio« als eine der Festaufführungen im wiedererbauten Nationaltheater der Bayerischen Staatsoper musikalisch vor.

Die »Bohème«-Premiere fand am 9. November in Wien doch noch statt. Die Mailänder Sängerinnen und Sänger sangen ohne ihren Suggeritore. Aber nur, wie sie in einem Schreiben ausdrücklich betonten, aus Liebe und Verbundenheit zu Herbert von Karajan. Unterzeichnet hatten die Erklärung: Ettore Bastianini, Franco Corelli, Fiorenza Cossotto, Mirella Freni, Ilya Ligabue, Rolando Pannerai, Gianni Raimondi, Giuseppe Taddei, Leontyne Price, Antonietta Stella, Giulietta Simionato, Gabriella Tucci, Ivo Vonco.

Bald darauf schien es endgültig aus zu sein. Ko-Direktor Hilbert, der Karajan eben noch geküßt hatte, mauserte sich immer mehr zum Operndirektor, der er, solange Karajan als künstlerischer Leiter der Wiener Staatsoper fungierte, faktisch niemals war und sein konnte. Er disponierte in seinem unbezähmbaren Eifer auch in künstlerischen Dingen über Karajans Kopf hinweg oder hinter dessen Rücken. Karajan verkehrte bald nur noch schriftlich mit ihm. Und als Hilbert im Mai 1964 gegen den Willen Karajans eine dem Maestro vorbehaltene »Tannhäuser«-Vorstellung von einem anderen Dirigenten leiten ließ (dem weitgehend unbekannten Oskar Danon von der Belgrader Oper), machte Karajan dem Treiben ein Ende. Am 8. Mai schickte er dem neuen Unterrichtsminister Dr. Theodor Piffl-Percevic sein Demissionsersuchen. Der Inhalt wurde am 11. Mai 1964 veröffentlicht.

Und am 23. Juni ließ Karajan durch die österreichische Presseagentur APA seine Erklärung verbreiten: »Nach meiner Demission vom 8. Mai 1964 hat der Unterrichtsminister am 11. Mai den Auftrag gegeben, die Voraussetzungen zu schaffen für die Sicherung meiner weiteren Tätigkeit als Dirigent und Regisseur. Innerhalb von sieben Wochen ist von seiten des Unterrichtsministeriums kein praktisch realisierbarer und daher akzeptabler Vorschlag gemacht worden, der mir die geforderten künstlerischen Voraussetzungen geboten hätte...

Aus Verbundenheit und aus Vertragstreue werde ich die von mir bereits eingegangenen Verpflichtungen erfüllen. Nach achtzehnjährigem Wirken im Konzertsaal, nach 16 Jahren Salzburg, 8 Jahren künstlerischer Leitung an der Wiener Staatsoper beende ich am 31. August meine Tätigkeit in Österreich.«

»Wir sind mit Österreich fertig!« – das Wort des treuen Mattoni wurde geflügelt. Doch ganz so abrupt war das doch nicht. Karajan erfüllte seinen Vertrag. Am 11. Juni 1964 krönte er seinen Abgang noch mit der fulminanten Premiere einer von ihm inszenierten und dirigierten »Die Frau ohne Schatten«. Dann flog er flugs nach Salzburg. Dort studierte er für die Festspiele »Elektra« ein – und ließ sich im August dieses ereignisreichen Jahres überreden, ins Direktorium der Salzburger Festspiele einzutreten.

War es wirklich nur der Ärger in Wien, der Karajan veranlaßte, Österreich zumindest zur Hälfte den Rücken zu kehren? Da gab es nämlich die österreichische Steuergesetzgebung, die besagte, daß, wer über die Hälfte des Jahres in Österreich ansässig sei, auch hier Steuern zu zahlen habe. Karajan jedenfalls wurde Bürger von Liechtenstein und wohnte fortan nicht mehr so lange in Österreich – so raunte man es sich allenthalben zu.

Allerdings hatte Herbert von Karajan bereits am Anfang des Jahres 1964 deutlich gemacht, daß sein Angelpunkt durchaus nicht »Wien, Wien, nur du allein« war. Am 2. Januar 1964 wurde nämlich Arabel, die zweite Tochter der glücklichen Eltern Eliette und Herbert von Karajan, geboren. Und nun bat der »Chef« die Berliner Philharmoniker als Taufpaten. Denn: »Berlin ist mein Zentrum!« hatte Karajan schon immer erklärt und praktiziert. Dort machte ihm die Arbeit ungetrübte Freude. Dort »erholte« er sich von den Wiener Querelen.

Mit Österreich fertig war übrigens auch die Mailänder Scala nach dem Weggang Karajans von der Wiener Staatsoper. Gesamtgastspiele, wie sie zu den Höhepunkten in der Ära Karajan gehörten, fanden fortan nicht mehr statt.

Der alte Grieche Heraklit sagte aber schon vor 2500 Jahren sein klassisches »Panta rhei!« (Alles fließt). Karajan, der Urenkel von Griechen, setzte das auf seine Weise um: »Ich würde um keinen Preis an keinem Theater der Welt jemals wieder den Operndirektor machen. Die acht Jahre Wien haben mir gelangt. Ich möchte nur mehr das tun, was mir Freude macht«, sagte er zu Walter Panofsky, dem damaligen Musik- und Theater-Kritiker der »Süddeutschen Zeitung«.

Und Herbert von Karajan tat mit unvermindertem Elan von Stund an, was ihm Freude machte. Er gründete ganz einfach ein neues Imperium! Seine Hauptstädte hießen nicht mehr Wien, Berlin, Mailand, London und Salzburg allein – nein, er umspannte die ganze Welt: durch die moderne Technik, durch die Medien HiFi, Quadro, Fernsehen, Video und so weiter.

»Musik für Millionen« hieß sein neues Konzept. Und daneben stellte er gleich noch ein anderes auf die Beine – ein nicht nur »elitäres«, eines für Auserlesene, Auserwählte, Reiche, Snobs – »nein, wir sind nicht elitär«, sagte er, »wir sind superelitär«. Damit meinte er, was vor ihm nur Richard Wagner in Bayreuth fertiggebracht hatte: eigene, ganz auf eine einzige, nämlich seine Person zugeschnittene Festspiele.

Karajan brachte es fertig, die Pole »Kunst für alle« und »Kunst für ein paar wenige« eng miteinander zu verknüpfen – ein wahres Kunst-Stück, einzigartig, ohne Beispiel in diesem Jahrhundert!

8. Kapitel

Das Festspiel

Die Szene war gespenstisch: strömender Regen, stockdunkle Nacht, krachender Donner – im grellen Aufzucken der Blitze eine Gestalt. Wetterfest angezogen, Kapuze übergestülpt, stapfte da im Gewitter ein Mann quer durch Felder und Büsche. Allein, mitten in den Naturgewalten...

Zehn Kilometer weiter nördlich drängten sich zur selben Zeit festlich in Frack, Smoking und Abendgarderobe gekleidete Gäste in den Salzburger Prominentenlokalen »Goldener Hirsch« und »Österreichischer Hof«, schwärmten begeistert von der Oper »Boris Godunow«, die sie soeben im Großen Festspielhaus erlebt hatten. Sie bestellten erlesene Köstlichkeiten zum Abendessen, flüsterten sich den neuesten Klatsch über den Maestro zu, der die Aufführung dirigiert und inszeniert hatte, und gingen dann zum üblichen Jet-Set-Geraune über: Welche Sängerin mit wem...und daß der Karajan wieder gleich nach der Vorstellung heimlich durch den Hinterausgang verschwunden war...

Der Einsame lief inzwischen über drei Stunden lang durch das Unwetter. Es war weit nach Mitternacht, als er wieder zu seinem Haus kam – in Anif bei Salzburg. Und in seinem Kopf, von dem er jetzt die Kapuze streifte, war ein revolutionärer Plan fertig: seine – Herbert von Karajans – Osterfestspiele in Salzburg!

Die Idee dazu hatte ihm nach seiner '64er Demission als künstlerischer Leiter der Wiener Staatsoper ein junger Kollege gegeben: Christoph von Dohnányi, knapp 35 Jahre alt (einst im gleichen Alter wie Karajan – nämlich als 27jähriger – »jüngster Generalmusikdirektor Deutschlands« in Lübeck geworden und seit 1963 »General« in Kassel).

Karajan selbst schilderte das 1983 im ZDF so: »Der Dohnányi sagte zu mir: ›Sie wissen, ich bewundere Sie, ich schätze Sie – aber Sie müssen etwas machen, was bis jetzt kein Mensch gemacht hat, wo Sie Ihre Person kompromißlos herausstellen können!‹ Ich muß sagen, ich bin ihm bis auf den heutigen Tag besonders dankbar! Und es hat dann irgendwann in mir zu arbeiten angefangen, und ich sagte mir, ich muß irgendwie eine Aufführungsreihe aufziehen, in der ich mich wirklich ausdrücken kann. Nun war damals schon die wirkliche Bindung mit den Berliner Philharmonikern so stark, daß ich auch den Wunsch gehabt habe, etwas mit ihnen zu machen. Und wir haben manche Projekte untersucht. Eins davon war Genf, weil da ja das Orchester nur eine gewisse Zeit zur Verfügung steht und man dort sehr wohl ein Gastorchester haben kann. Das ist dann hauptsächlich an den technischen Bedingungen gescheitert, die doch nicht hoch genug zu entwickeln waren, daß man tun konnte, was man wollte...

Damals lief gerade im Sommer 1965 von mir die Neuinszenierung von ›Boris Godunow‹, und ich weiß noch ganz genau: In der Revolutionsszene, die mit diesem ungeheuren Tumult schließt und die auch sehr schön szenisch gelungen war – wie der Vorhang herunterfällt und diese drei Minuten Pause sind, da geht's mir durch den Kopf. Du bist doch der größte Narr, warum machst du das denn nicht hier?! Wo alles da ist, wo du jedes Orchester nehmen kannst, das du willst!

Also, wie das aus war, bin ich nach Hause, ich hab' nichts gegessen, ich hab' mich umgezogen – ich bin drei Stunden durch den Regen gegangen und hab' mir das genau überlegt: Was sind die Möglichkeiten und was sind die Folgerungen und das alles. Und dann war's fertig! Am nächsten Tag hab' ich es meinen Mitarbeitern klargemacht, was ich will. Die meisten Herren waren nahe am Herzinfarkt. Die sagten: ›Das wollen Sie alles riskieren?‹ Sag' ich: ›Ja, das steht mir dafür, also ich tu's ganz bestimmt!‹ Und von da ab – das war die Geburtsstunde der Osterfestspiele, die für mich sicher ein besonderer Glücksfall sind.«

Wann die »Geburtsstunde« übrigens wirklich geschlagen hat, das wird wohl kein Mensch mehr feststellen können. Karajan hat es mit seinem Hang zur Eigeninszenierung selbst verschleiert: Die Gewitter-Erzählung – von ihm auch in der Haeusserman-Biographie ausgemalt – ist kaum zu datieren. Zwar zitiert er sich 1983 im ZDF selbst genauso wörtlich, wie er sich im Juli 1966 in einem Interview mit »fono forum« ausgedrückt hat: »Du bist doch der größte Narr, sagte ich mir, daß du deine Pläne nicht hier in Salzburg realisierst...«, aber er verlegte damals den »Einfall« so: »In der vorletzten ›Boris‹-Aufführung der vergangenen Festspiele kam mir dann mitten (!) in der Vorstellung der entscheidende Gedanke...« Und es folgt die Regen-Episode. Diese vorletzte Aufführung fand aber am 25. August 1965 statt. Für den 27. August, nachdem er noch dazu am Vorabend, dem 26. August, Strauss' »Elektra« dirigiert hatte, berief er eine Pressekonferenz mit einem Dutzend Journalisten ein, die bereits am nächsten Tag die Weltpresse mit dem vollständigen Plan der Karajan-Festspiele (die allerdings noch keinen Namen trugen), einschließlich der Zusagen von Bürgermeister, Landeshauptmann und Unterrichtsminister sowie einen Vertragsabschluß mit der Metropolitan Opera New York wegen der Übernahme der beabsichtigten »Ring«-Inszenierung, belieferten – wie nachzulesen ist.

Selbst ein Karajan hätte es nicht geschafft, dieses gewaltige Projekt in anderthalb Tagen nach einem Nachtmarsch im Regen publikationsreif unter Dach und Fach zu bringen.

Da klingt schon wahrscheinlicher, was Thomas Koebner (»Abendzeitung«, München) in seinem Interview mit dem Maestro am 25. Oktober 1965 schrieb: »Der Gedanke dieser Festspiele...kam ihm bei den Proben zum Salzburger ›Boris Godunow‹...«, denn die Proben fanden in den Juli-Wochen vor der Festspieleröffnung mit »Boris Godunow« (26. Juli 1965) statt. Und da läßt sich denken, daß Karajan es im Laufe des August fertiggebracht hat, die nötigen Organisationsvoraussetzungen für sein Projekt zu schaffen. Und vielleicht hat's da auch mal geregnet.

Warum diese scheinbare Nebensächlichkeit hier so ausführlich zur Sprache kommt? Weil sie ein Licht darauf wirft, wie Herbert von Karajan sich in seine Träume und ihre Realisation hineinmalt, wie er auch über Jahre hinweg mit seinem Elefantengedächtnis daran festhält, wenn ihm seine »Eigeninszenierung« gelungen genug erscheint. Da all das aber die überdimensionale, um nicht zu sagen, geniale Leistung im Dienst an der Musik und der Kunst nicht schmälert, seien ihm also auch seine »Gewitterszenen« durchaus gegönnt.

Aus dem Traumbild zurück in die Wirklichkeit: Machen, was kein Mensch bis jetzt gemacht hat – das klingt faszinierend. Auch wenn's nicht ganz stimmt, denn schließlich hatte Richard Wagner mit seinem sächsischen Schädel und königlich-bayrischer Hilfe rund neun Jahrzehnte früher die Bayreuther Festspiele aus dem fränkischen Boden gestampft. Dennoch: Karajans Ein-Mann-Festival zeugte von ähnlich unbeugsamem Willen. Das Große Festspielhaus – war es nicht entstanden, als Karajan von 1956 bis 1960 künstlerischer Leiter der Salzburger Festspiele war? Er hatte an der Einrichtung des Hauses mit der 30 Meter breiten Bühne tätigen Anteil. Er hatte sich unermüdlich um die Akustik gekümmert, bis sie das Prädikat »ausgezeichnet« bekommen konnte. Er kannte alles in- und auswendig, wußte mit dem Sommer für Sommer geschulten Team umzugehen, mit den technischen Apparaten, der Beleuchtung – auf seine Anregung war seinerzeit hinter der Hinterbühne eine Projektionsnische in den Felsen gehauen worden. Er wußte, was die Werkstätten leisten konnten. Und er rechnete fest damit, daß der Name »Salzburg« in den Osterfeiertagen eine große Anzahl von Besuchern anlocken würde, die sich für Oper und Konzert unter seiner Leitung interessierte. Vor allem: Außer während der Sommer-Festspiele und der dazugehörigen Vorprobezeit stand die Riesenbühne leer.

Karajans Konzept für die am 24. März 1966 ins Salzburger Handelsregister eingetragene »Osterfestspiel-GmbH Salzburg« sah folgendermaßen aus: Gründung eines Fördervereins – dazu wurden Musikfreunde in aller Welt direkt angeschrieben (so wie etwa Karajan in seiner Ulmer Zeit von Haus zu Haus höchstpersönlich Abonnements verkauft hatte). Der Einstiegspreis betrug für »Förderer« als Jahresbeitrag 250 Mark für eine Einzel- oder 400 Mark für eine Doppelmitgliedschaft. Dafür erhielt das »fördernde Mitglied« ein Vorkaufsrecht bei der Vergabe der Eintrittskarten für die Opern und Konzerte (deren Preise sich an denen der Sommer-Festspiele orientierten, aber nicht höher liegen durften), außerdem eine von Karajan handsignierte Plattenaufnahme der Opernaufführung des Festspiels und die Berechtigung, an einer eigens dazu veranstalteten Probe teilzunehmen, wobei der Maestro selbst auf deutsch und französisch die zu probenden Stücke seinen Zuhörern erläuterte. Wer wollte, war auch zu ergänzenden Vortragsveranstaltungen eingeladen.

Bei den Osterfestspielen Salzburg wird unterschieden zwischen »Förderern« (im ersten Jahr 250, im zweiten 680, im dritten 1500 – später lagen Tausende von Anträgen vor, doch blieb die »Förderung« schließlich limitiert), »Abonnenten« – ihnen wird eine Abfolge von Oper und Konzert platzmäßig zugewiesen – und »Besuchern«, die Karten an der Kasse der Osterfestspiele (und nur dort) in naturgemäß begrenzter Anzahl erhalten können.

Entgegen aller Skepsis außenstehender Fachleute buchte Karajan

Regie mit dem Handlautsprecher: Karajan feuert bei den Filmaufnahmen zu »Carmen« (1967) den Streitchor im ersten Akt an.

(Foto: Polydor/Lauterwasser)

zunächst auf der Haben-Seite. Es störte ihn dabei wenig, daß unter Abonnenten und Besuchern auch solche waren, die nach der Devise zu ihm kamen: »Von Musik versteh' i nix, aber i waaß, er is a Magier!« Schließlich hatte er selbst sein »Magiertum« genügend poliert, wenn es ihm für seine Zwecke nützlich erschien. Sein Zweck, das war allemal die Musik. Und von diesem Zweck waren die Mittel geheiligt, die ihm ermöglichten, Musik nach seinen Vorstellungen zu machen. Musik – und keinen Profit, wenigstens nicht direkt in Salzburg. Denn für die Osterfestspiele steckte er selbst kein Honorar ein (nur für die Schallplatten-, Film- und Video-Produktionen selbstverständlich).

Unter diesem Gesichtspunkt machte es ihm auch nichts aus, später Subventionen entgegenzunehmen, obwohl er noch 1967 lautstark seine finanzielle Unabhängigkeit proklamiert hatte. Bereits vor den dritten Osterfestspielen (1969) zwangen ihn die roten Zahlen dazu. Und flugs erklärte er: »Ich finde gar nichts Ehrenrühriges dabei, daß man unterstützt wird. Die Zuschüsse zu den Osterfestspielen sind notwendig geworden, weil die Kosten bei annähernd gleichen Eintrittspreisen unentwegt gestiegen sind. Ich müßte die Preise erhöhen, aber ich kann es nicht aus Loyalität zu den Festspielen im August. Diese würden die Preise nicht nachziehen können…Da müssen andere einspringen. Schließlich bringen wir für die Fremdenindustrie Millionen Schillinge nach Salzburg.« Punktum!

Dabei ergab sich, daß die Osterfestspiele ja nur ein Gipfelpunkt, ein kleiner Ausschnitt aus dem Konzept »Musik für Millionen« waren. Denn Karajans Projekt sah vor, im Jahr vorher die fürs kommende Festival vorgesehene Oper auf Schallplatten aufzunehmen – mit der ersten Originalbesetzung. Jeder Mitwirkende (auch die Doppelbesetzung) bekam dann das Tonband der Aufnahme mit nach Hause, mußte sich das immer wieder anhören und kam dann zu den Osterproben so perfekt studiert nach Salzburg, daß er sich voll auf die szenische Einstudierung konzentrieren konnte. Während dieser Bühnenproben ließ Karajan die Sängerinnen und Sänger dann auch nicht von einem Korrepetitor am Klavier begleiten, sondern es lief das entsprechende Tonband über Lautsprecher ab. Der Maestro hielt diese Arbeitsweise für ideal, er praktizierte sie ständig – nicht nur bei den Osterfestspielen.

Allerdings gab es auch Opernsänger, die sich an solche Praxis ungern gewöhnten, ja sie sogar ablehnten. Der berühmte Tenor Placido Domingo, der ansonsten Karajan sehr verehrt, wendet in seinem Buch »Die Bühne – mein Leben« (Kindler Verlag, München) ein: »Das einzige, worüber ich bei Karajans Probentechnik nicht so glücklich bin, ist, daß er auf Proben ein vorher aufgenommenes Band des jeweiligen Werkes ablaufen läßt, anstatt die Sänger selbst singen oder auch nur zur Klavierbegleitung markieren zu lassen. Er behauptet, dies habe den Zweck, daß sich die Stimme bei den Bühnenproben ausruhen könne. Meiner Ansicht nach können sich dadurch jedoch schlechte Gewohnheiten einschleichen: Man hört immer dieselben Tempi, dieselbe Phrasierung, das Einatmen zur immer selben Zeit. Das aber gibt einem ein Gefühl falscher Sicherheit, denn in Wirklichkeit läuft keine Aufführung wie die andere ab. Außerdem kann man sich vor den schwierigen Stellen drücken, die man eigentlich öfter hätte proben sollen. Zusammenfassend gesagt: Das Konzept einer Partie liegt fest und kann während der gesamten, so unerhört wichtigen Probenzeit nicht mehr geändert werden, kann nicht mehr ›wachsen‹ und sich entwickeln. Bei den Proben zu ›Don Carlos‹ hörte ich nicht einmal meine eigene Aufzeichnung, sondern eine Aufnahme, die vorher von einem anderen Tenor gemacht worden war. Aber auch wenn die eigene Aufzeichnung verwendet wird, macht es einen ziemlich verrückt, ständig sich selbst singen zu hören – immer wieder dieselben geglückten und die weniger guten Stellen.«

Das Schicksal, sich Kollegen auf dem Tonband anhören zu müssen und danach zu arbeiten, teilten, wie gesagt, alle Doppelbesetzungen und waren darüber ebensowenig glücklich.

Karajan indes schwor seit je auf seine Arbeitsmethode. Und so mußte sich, wer an seinen Festspielen und unter seiner Leitung irgendwo sonst teilzunehmen die Ehre hatte, diesem Produktionsprozeß fügen.

Karajans Osterfestspielkonzeption beinhaltete einen weiteren unleugbaren Vorteil: Er konnte in verhältnismäßig superkurzer Zeit ein ungewohnt großes Inszenierungspensum leisten. Er konnte, ohne daß ihm irgendeine Gewerkschaft hineinredete, mit den Solisten täglich bis zu acht Stunden proben (er selbst machte noch länger mit technischen und beleuchtungsmäßigen Problemen).

Karajan: »In 14 Tagen schaffe ich ein Pensum, wofür normalerweise an einem Opernhaus zwei Monate gebraucht werden, und das Angenehmste ist: Jeder strengt sich an, keiner sagt ab – ganz klar, denn wer ausfällt, bekommt kein Geld. Ganz einfach!« Ein sehr rationelles Verfahren, wie zugegeben werden muß.

Daß mit den Schallplattenaufzeichnungen und den bis zu sechs Bühnenvorstellungen während der Osterfestspiele noch längst nicht alles getan war, verstand sich von selbst. Denn Karajan blickte weit in die Zukunft: Aus den »superelitären« Osterfestspielaufführungen wurden Videocassetten für die Millionen Opernfans daheim produziert. Das sind keine Dokumentarfilme der Abende, sondern speziell nach den dramaturgischen Erfordernissen des Bildschirms (kleiner Ausschnitt zu HiFi-Stereo-Musikfülle) entwickelte und entsprechend der anderen Medienverhältnisse neu proportionierte und gestaltete Musik-Bild-Schöpfungen. Das gleiche galt natürlich auch für die optische Umsetzung der Konzerte: Das Bild sollte für den Zuschauer und Zuhörer den Eindruck von den Absichten des Komponisten intensivieren, verstärken, verständlicher machen.

Doch zurück zu den »Anfängen« der Osterfestspiele! Die erste Wunschvorstellung des Maestro war, der Mit- und Nachwelt zunächst einmal seine Auffassung von Wagners »Ring des Nibelungen« sozusagen testamentarisch zu vermitteln. Das war gar nicht als »Gegen-Bayreuth« gedacht, sondern einfach – übrigens ganz in Richard Wagners Sinn – als »Gesamtkunstwerk«, szenisch und musikalisch von einem einzigen Willen und einer einzigen Vorstellung geprägt. Und zwar ohne daß dem Meister irgend jemand – sei es Verwaltung, Bürokratie, Regierung, Ministerium oder sonstwer – hineinreden konnte. »Ich allein trage das Risiko, ich allein ordne an«, war Karajans Position, die er sich beim »Marsch durch das Gewitter« als Ausgangsbasis geschaffen hatte.

Achtzehn Monate dauerten die Vorbereitungen. Die juristischen Grundlagen wurden gelegt, mit den maßgebenden Instanzen von Stadt und Land wurde im einzelnen verhandelt, der Berliner Senat wurde um die Freigabe des Berliner Philharmonischen Orchesters ersucht, die Besetzung mit Spitzensolisten mußte in dieser knappen Zeit vertraglich fixiert werden (besonders schwierig, da die besten Kräfte meist auf Jahre im voraus ausgebucht und gebunden sind), mit dem Bühnenbildner Günter Schneider-Siemssen mußten Werkskonzeption, Bauten und Beleuchtung erarbeitet werden, die Kostüme mußten entworfen und die Werkstätten angemietet sowie das erweiterte technische Personal engagiert werden – ein gewaltiges Projekt.

Es ist klar, daß Karajan darüber seine Verpflichtungen in Berlin, bei den Salzburger Festspielen 1966, für Schallplatteneinspielungen und Filmproduktionen nicht vernachlässigte.

Für Film- und Fernsehprojekte war schon am 29. März 1965 in der Schweiz (!) die Firma »Cosmotel« gegründet worden. Karajans Firma? »Ich bin dort nur Angestellter«, behauptet er lächelnd.

Ein paar Beispiele: Filmproduktion »La Bohème« unter der Regie von Zeffirelli, dirigiert von Karajan, Konzertfilme unter der Regie von Henri Georges Clouzot (als Regisseur der Filme »Lohn der Angst«, »Die Teuflischen« weltbekannt), den Karajan seiner Musikalität und seiner Musikkenntnis wegen schätzen gelernt hatte: Beethovens Fünfte, Dvoráks Fünfte, Schumanns Vierte, Mozarts

A-Dur-Violinkonzert mit Yehudi Menuhin – dazu Probenberichte und einführende Dialoge mit Karajan. Im Januar 1966 diskutierte Karajan im Österreichischen Fernsehen unter dem Thema »Ist Kunst für das Volk?« über das Problem der Fernsehaufzeichnung und gab seinen Sinneswandel kund – denn zuvor war er absolut fernsehfeindlich eingestellt gewesen. Die Zeitung »Radio Österreich« berichtete darüber: »Er bezeichnete das Fernsehen als Mittel, mit dessen Hilfe die Werke der großen Tonschöpfer mit größtmöglicher Vollkommenheit wiedergegeben werden können. Ein Publikum, das unter Umständen die ganze Welt umfasse, rechtfertige einen Aufwand, der die Möglichkeiten biete, jeden nur denkbaren künstlerischen Effekt herauszuarbeiten.«

Weiter 1966: Beethovens »Missa solemnis« und Haydns »Die Schöpfung« in Berlin, dann eine Japan-Tournee des Berliner Philharmonischen Orchesters mit allen neun Beethoven-Symphonien auf dem Programm (live im japanischen Fernsehen – 18 Millionen Menschen sollen das gesehen haben). Im Mai in Mailand: »Cavalleria rusticana« mit Giorgio Strehler als Regisseur für Bühne und Film. Ende Mai: Konzerte beim »Prager Frühling«. Dann noch eine Holland- und eine Frankreich-Reise, bevor Karajan im Juli in Salzburg begann, intensiv die »Carmen« zu inszenieren. Die Reprise »Boris Godunow« schloß sich an, es folgten die Platten- und Bandaufzeichnungen für die Osterfestspiel-»Walküre« – dies alles neben den Konzert-Verpflichtungen, die Karajan als Chef des Berliner Philharmonischen Orchesters in Berlin zu erfüllen hatte. Dazu noch Schallplattenaufnahmen von Tschaikowsky (4. Symphonie, Capriccio Italien, Romeo und Julia, Nußknacker-Suite u.a.), Schostakowitsch (10. Symphonie), Beethovens 1. Klavierkonzert (mit Christoph Eschenbach) und eine Handvoll Strauß-Walzer (»An der schönen blauen Donau«, Kaiser-Walzer, Delirien-Walzer) sowie -Ouvertüren (»Fledermaus«, »Zigeunerbaron«).

Mit »Die Walküre« also sollten die ersten Osterfestspiele 1967 in Salzburg eröffnet werden, mit dem »Ersten Tag des Bühnenfestspiels« von Wagner – nicht mit dem sogenannten »Vorabend«, dem ohne Pause zu spielenden Werk »Das Rheingold«, was in der vom Komponisten gewollten Reihenfolge logischer gewesen wäre. Karajan begründete das Vorziehen der »Walküre« damit, daß er diesen Dreiakter als Eröffnung seiner Festspiele für geeigneter halte als »Das Rheingold«. Natürlich – aber das sagte er nicht offiziell –, weil es in der »Walküre« Pausen gibt, in denen sich das Publikum festlich ergehen und zeigen kann. Wenn schon, denn schon! Schließlich sollte die Osterfestspiel-Familie sich ja auch untereinander bekannt machen, die »musikliebende Familie« – wie Karajan sie sich ausgemalt hatte.

Zum zweiten: »Die Walküre« war die erste Oper, die der sechsjährige Heribert (wenigstens im ersten und zweiten Akt) in Salzburg als Gastspiel des Stadttheaters Würzburg hatte miterleben dürfen und die einen unauslöschlichen, ja prägenden Eindruck auf ihn gemacht hatte.

Zum dritten: Es war die erste Oper, die er 1957 als neuer künstlerischer Leiter der Wiener Staatsoper zum Einstand inszeniert hatte – der Beginn der »Ära Karajan« in Wien, jener Ära, die bis 1964 dauerte und so disharmonisch endete.

Diese »Walküre«, diese Osterfestspiele in Salzburg, in Österreich – fast könnte man meinen: Das war Karajans gigantische Rache an Wien, ein gewaltiges »Ätsch!«. Zu seinem Charakter würde das passen. Denn da ist nicht nur der Karajan, der nichts vergißt – da ist auch der Herbert von Karajan, von dessen geradezu spitzbübischen Aktionen und Reaktionen sein Vertrauter Paul Hager, der ihm in den Wiener Jahren menschlich ganz nahe stand, recht drastisch zu erzählen wußte: »Er hatte eine kindliche Freude daran, etwas anzustellen, sich – sinnbildlich gesprochen – auf den Tisch zu hocken und mitten in einer festlichen Gesellschaft dort einen ›Haufen‹ zu machen – einen Schock auszulösen.«

Daß ein solcher Nebeneffekt bei Gründung und Eröffnung der Salzburger Osterfestspiele für Karajan, wenn auch vielleicht nicht direkt beabsichtigt, so aber doch willkommen war – das ist sicher denkbar.

Palmsonntag, der 19. März 1967. Um 17 Uhr 10 wendet sich Herbert von Karajan im Großen Festspielhaus – von dem festlichen Publikum festlich empfangen – zum Orchester um. Er hebt den Taktstock lächelnd. Das Ereignis »Die Walküre« nimmt seinen Lauf!

Karl Heinz Ruppel, Starkritiker der »Süddeutschen Zeitung«, lobte das »lyrische Drama« Karajans, das ihn »als Wegbereiter einer neuen Wagner-Klangvorstellung erscheinen und, um das gleich zu sagen, triumphieren läßt. So hat man das zweite Stück der ›Ring‹-Tetralogie noch nicht gehört – so durchsichtig, so ›solistisch‹, so unendlich reich an dynamischer Stufung, so sensibel

v. links: Eliette von Karajan, Herbert von Karajan, Sir Rudolf Bing.
(Foto: Haffenreich)

durchmodelliert in der Phrasierung,...so alle zu einem einzigen
grandiosen ›Konzert‹ verschmelzend.« Und Ruppel sah das als
Voraussetzung für die Inszenierung Karajans an: »Die Szenen-
regie ist nichts anderes als die getreueste Spiegelung seiner Klang-
regie, so wie er die Musik hört, so ›sieht‹ er sie auch.«
Die Premierenbesetzung umfaßte Spitzenkräfte: Gundula Jano-
witz (Sieglinde), Régine Crespin (Brünnhilde), Christa Ludwig
(Fricka), John Vickers (Siegmund), Thomas Stewart (Wotan),
Martti Talvela (Hunding). Und »unter« allen musizierten die
Berliner Philharmoniker, zum ersten Mal in ihrer Geschichte im
Orchestergraben eines Opernhauses. Sie waren unbelastet von

Operntradition (die nach Gustav Mahler »Schlamperei« ist) und spielten mit einer fast unwiederholbaren Aufmerksamkeit und Gespanntheit, die den Kritiker Joachim Kaiser in der »Zeit« zum Jubelruf »das beste Orchester der Welt« veranlaßte, »weil sie keine Routine haben«, weil sie mit »einer unabgenutzten Genauigkeit, einer leisen Intensität« musizierten und sich selber zuhörten. »Die Folge war eine beinahe unvorstellbare Präzision des Leisen.«

Natürlich gab es auch Gegenstimmen wie die von Wolfram Schwinger, der in der »Stuttgarter Zeitung« zwar das Bühnenbild sowie Orchester und Solisten lobte, aber zur Regie meinte: »Karajan vermag kein erotisches Fluidum zu schaffen.«

Das Leise, das Lyrische, der Kammermusik-Stil bei Wagner war ein Novum. In New York sollte das zunächst noch völlig mißverstanden werden. Dort hatte der Generalmanager Rudolf Bing für die von ihm geleitete Metropolitan Opera mit Freuden zugegriffen, als Karajan ihm jeweils für den Anschlußherbst an die Osterfestspiele seine »Ring«-Inszenierungen als »definitive Aussage« zum Werk Wagner anbot.

Zwar entstanden infolge der Gewohnheit Karajans, Korrespondenzen über Dritte führen zu lassen, einige Organisationsschwierigkeiten, über die Bing in seinem Buch »5000 Abende in der Oper« (Kindler Verlag, München) anschaulich und ausführlich zu berichten wußte. Aber schließlich traf Karajan im Oktober 1967 in New York ein »und begann«, so Bing, »mit einer Intensität zu arbeiten, die sich nur jemand vorstellen kann, der diesen großen Dirigenten bei den Proben beobachtet hat – bei ihm waren Talent und Künstlerschaft, Fleiß und berufliche Erfahrung zu einer künstlerischen Einheit verschmolzen. In dem Augenblick, als bekannt wurde, daß er zur Tür hereingekommen war, stieg die Spannung im Haus, was sich jedoch positiv auswirkte. Jeder gab sich die größte Mühe, weil er für Karajan arbeitete, und jeder wußte, daß Karajan sich um alles kümmerte.«

Trotz aller Spannung ließ sich Karajan nicht durch die ungewohnten amerikanischen Arbeitsverhältnisse verleiten, ungeduldig zu werden. Auch nicht in dieser, von Bing geschilderten, grotesken Situation: »Nach den Vorschriften der amerikanischen Gewerkschaften dürfen Anweisungen für die Beleuchtung nicht direkt an die Männer weitergeleitet werden«, das muß über den Technischen Direktor laufen. Karajan nun komplizierte das Ganze dadurch, daß er öfter während des Dirigierens auf den Proben auch noch die Beleuchtung überprüfte. Er gab also seine Anweisungen an einen Assistenten, der neben ihm saß: »Mehr Licht auf Wotan!«. Der Assistent rief durchs Telefon dem Technischen Direktor zu: »Mehr Licht auf Wotan!« Der Direktor über Mikrofon zum Mann auf dem Beleuchtungsstand: »Mehr Licht auf Wotan!« Woraufhin der Beleuchter über Lautsprecher zurückfragte: »Wer ist Wotan?«

Am liebsten hätte Karajan seine Berliner Philharmoniker mitgebracht. Aber die Gewerkschaft »Local 802« war dagegen. So mußte Karajan – um die Finanzierung der Salzburger Inszenierung nicht zu gefährden – das Met-Orchester nehmen und »erziehen«. Er mußte mit Musikern arbeiten, die ihn möglicherweise nicht mochten. Doch: »Bei seiner ersten Met-Probe am 7. November verhielten sich die Mitglieder der hiesigen Gewerkschaft »Local 802« nicht feindseliger, als zu erwarten war, und bei jeder Vorstellung spielten sie für Karajan besser als für jeden anderen Dirigenten in dieser Saison. Der Krieg ist seit 22 Jahren vorbei«, schrieb Martin Mayer am 3. Dezember 1967 im »New York Times Magazine«.

Von der traditionsgebundenen und konventionellen Kritik wurde Karajans »Walküre« allerdings nicht eben sanft behandelt. Man war der Meinung, die 500 000 Dollar, mit denen die »Eastern Airlines« das Gastspiel finanziert hatten, wären nicht lohnenswert angelegt gewesen. Harold S. Schonberg, Kritikerpapst der amerikanischen Musikwelt, formulierte in der »New York Times« vom 22. November 1967 über die Premiere:

Der erste Akt war, gelinde ausgedrückt, exzentrisch. Herr von Karajan schien davon auszugehen, die Lautstärke des Orchesters müsse bei nicht genügend großen Stimmen gedämpft werden, damit man die Sänger hören könne. Demzufolge hielt er die ganze Zeit über ein extrem niedriges dynamisches Niveau und bevorzugte durchgehend langsame Tempi. Was er dem Orchester entlockte, war ein über alle Maßen verfeinerter kammermusikartiger Klang...

Schonberg räumte dann aber wenigstens für die beiden nächsten Akte ein, »seit der großen alten Zeit« habe man niemanden mehr so Wagner dirigieren hören.

Im »New Yorker« vom 2. Dezember 1967 war Winthrop Sargent rigoroser:

> Herr von Karajan dirigierte den ersten Akt verhältnismäßig weich und konturenlos. Mag sein, daß er mit dieser Zurückhaltung später um so größere Höhepunkte erzielen wollte; jedenfalls klang die Musik vielfach verschwommen und die Einsätze waren unklar. Im weiteren Verlauf wurde er etwas energischer, so daß die Strukturen der Musik deutlicher und klarer zutage traten. Ausgesprochen eigenwillig, das ist noch das Freundlichste, was man über seine Interpretation sagen kann.

Von den meisten wurde übersehen, daß Karajan seine Solisten ganz bewußt nicht nach Stimmkraft traditioneller Wagner-Prägung ausgesucht hatte, sondern von der Besetzung her schon zum Lyrischen, ja Kammermusikalischen tendiert hatte, um seine Auffassung deutlicher werden zu lassen. Zudem hielt er sich streng an das, was Richard Wagner zur ersten »Ring«-Premiere in Bayreuth am 13. August 1876 ans Schwarze Brett für seine Solisten hatte heften lassen: »Letzte Bitte an meine lieben Genossen. Deutlichkeit! Die großen Noten kommen von selbst; die kleinen und ihr Text sind die Hauptsache.«

Im nächsten Jahr schien alles besser. »Das Rheingold« wurde in höchsten Tönen gelobt. Ob die Kritiker, wie Paul Robinson in seinem Karajan-Buch meint, »sich einfach an Karajans Wagner-Interpretation gewöhnt hatten oder ob Karajan ›Das Rheingold‹ wirklich besser gelungen war als ›Die Walküre‹, ist nicht klar. Jedenfalls stand Karajan in New York nie höher im Kurs.«

Das war's aber auch schon. Eine große Streik-Serie im Herbst legte die Met über eine lange Zeit lahm. Die Hälfte der Produktionen für die Saison 1969/70 mußten abgesagt werden. Der Karajan-»Siegfried« fiel dem Gewerkschaftskampf zum Opfer, die »Götterdämmerung« für 1970 auch. Sie wurden Jahre später nachgeholt – zwar in Karajans Konzeption, aber nicht von ihm einstudiert und dirigiert. Um den Gesamt-»Ring« für die Met zu retten, sprangen Erich Leinsdorf, Rafael Kubelik und Sixten Ehrling mit einem völlig anderen Sänger-Ensemble ein. Karajans Original-»Ring« – den gab's nur in Salzburg zu Ostern! Und der Maestro kehrte nie wieder an die Metropolitan Opera zurück – was Rudolf Bing immer bedauert hat.

Das musikalische Zentrum Herbert von Karajans blieb Berlin, das Opernzentrum Salzburg – zu Ostern trug er die Gesamtverantwortung allein, im Sommer wirkte er als wesentlicher Motor der Salzburger Festspiele. Und weil der gebürtige Salzburger seiner Heimatstadt noch mehr Musik schenken wollte, schuf er 1973 auch noch Pfingstfestspiele mit – natürlich ausverkauften – Konzerten aus seiner laufenden Schallplattenproduktion nach dem Motto: Nur nichts auslassen! Klar, daß man bald darauf munkelte, es gäbe ja auch noch Weihnachten – wie's denn mit Weihnachtsfestspielen wäre. Das stellte sich allerdings als Scherz heraus.

Übrigens kassierte Karajan bei seinen Osterfestspielen nicht nur nichts, er steckte auch eigenes Geld hinein. 1979 verbesserte er die Akustik für Konzerte im Festspielhaus durch eine neue, von seinem langvertrauten Hannoveraner Akustik-Professor Heinrich Keilholz konstruierte hölzerne »Konzert-Muschel« aus Wänden, die leicht zu verschieben und abzubauen sind. Da die Salzburger Festspiel-GmbH kein Geld dafür rausrücken wollte, blätterte Karajan dafür locker 200 000 Mark hin. Wenn allerdings andere auch von der optimalen Akustik profitieren wollen, müssen sie die »Karajan-Muschel« von ihm anmieten.

Der Erfolg von Karajans Osterfestspielen manifestierte sich trotz aller Unkenrufe, trotz aller Kritik – vornehmlich aus Wien – wegen der Übernahme einiger früherer Inszenierungen wie »La Bohème« oder »Troubadour«. Man sprach von einer »Resteverwertungs-GmbH« und Franz Endler (»Die Presse«) glaubte, 1978 fordern zu müssen, Karajan möge die Osterfestspiele wieder beenden, er sei der einzige, der dieses Machtwort sprechen könne. Gegen solche Anwürfe war Karajan absolut immun, sie störten ihn durchaus nicht. Dagegen sprach aber auch das Besucherinteresse, das Karajan sehr richtig vorauskalkuliert hatte: Alle Vorstellungen waren ausverkauft.

Im einzelnen standen folgende Inszenierungen Karajans im Mittelpunkt der Osterfestspiele (wobei das eine oder andere Werk aus dem Vorjahr zusätzlich wiederholt wurde): Die Walküre (1967), Das Rheingold (1968), Siegfried (1969), Götterdämmerung (1970), Fidelio (1971), Tristan und Isolde (1972), La Bohème (1973), Die Meistersinger von Nürnberg (1975/75), Lohengrin (1976), Der Troubadour (1977/78), Don Carlos (1979), Parsifal (1980/81), Der Fliegende Holländer (1982/83), Lohengrin (1984), Carmen (1985), »Don Carlos« als Reprise (1986), für 1987 ist der

Sonntag, 8. Mai 1977 *Staatsoper*

Neuinszenierung

In italienischer Sprache

Il Trovatore

Oper in vier Akten (acht Bildern)
nach einem Drama des Antonio Garcia Gutierrez
von Salvatore Cammarano

Musik	Giuseppe Verdi
Dirigent	Herbert von Karajan
Inszenierung	Herbert von Karajan
Bühnenbild	Teo Otto
Kostüme	Georges Wakhewitsch
Graf von Luna	Piero Cappuccilli
Leonore	Leontyne Price
Azucena, eine Zigeunerin	Christa Ludwig
Manrico	Luciano Pavarotti
Ferrando	José van Dam
Inez	Maria Venuti
Ruiz	Heinz Zednik
Ein Zigeuner	Karl Caslavsky
Ein Bote	Ewald Aichberger

Nonnen, Krieger, Diener des Grafen,
Zigeuner und Zigeunerinnen

Abendspielleiter	Marta Lantieri
	Josef Zehetgruber
Musikalische Studienleitung	Arnold Hartl
Chorleitung	Helmuth Froschauer
Leitung der Bühnenmusik	Ralf Hossfeld
Technische Einrichtung	Hans Langer
Beleuchtung	Robert Stangl
Maske	Konrad Keilich
Dekorations- und Kostümherstellung	Werkstätten der Bundestheater
Größere Pause	nach dem vierten Bild
Beginn	19 Uhr
Ende	etwa 22 Uhr

Muttertag 1977: Mit diesem »Troubadour« feierte Wien die »Heimkehr
des verlorenen Sohnes« nach dem Bruch im Jahre 1964, Karajans Demission als Direktor der Wiener Staatsoper.

bereits auf Platten eingespielte »Don Giovanni« als Neuinszenierung vorgesehen. Die Regie hat Karajan an Michael Hampe delegiert. (Es ist das erste Mal, daß er bei seinen Osterfestspielen die szenische Leitung aus der Hand gibt.)

Bei aller Konzentration auf Berlin und vor allem Salzburg brannte dem Maestro damals noch ein heimlicher Schmerz heiß im Herzen: Wien! Paul Hager drückte das so aus (als seine private Auslegung, wie er betonte): »Nach der Wiener ›Zweitemigration‹ 1964 war Karajan in eine Phase gekommen, daß er sich im Grunde genommen wie ein Exil-Monarch fühlte, der im Tiefsten eigentlich immer noch davon lebte, dieses Schloß wiederzuerobern – und zwar nicht zu ›erobern‹, sondern es zu Füßen gelegt zu bekommen. Dieses Mal aber alles aus Platin, nicht bloß aus Gold. Die Liebe, mit der er an dieser Staatsoper hing, die war es – wo doch diese ganzen Scheinwerfer und alles wirklich von ihm im wesentlichen ausgedacht war. Es ist ja wirklich wahr: Die volle Funktionstüchtigkeit dieses Hauses hat eigentlich erst er voll erschlossen, und zwar auf allen Gebieten!«

1977 war es soweit! Dr. Egon Seefehlner – einst Mitarbeiter Karajans während dessen »Ära«, dann Generalintendant der Deutschen Oper Berlin, schließlich ab 1. September 1975 Direktor der Wiener Staatsoper – gelang es, nach Vorgesprächen mit dem österreichischen Generalsekretär der Bundestheaterverwaltung Robert Jungbluth, Herbert von Karajan an sein geliebtes Institut zurückzuholen. Karajan erklärte sich bereit, von 1977 an jeweils im Mai in Wien an 21 (!) Abenden zur Verfügung zu stehen. Vier Jahre lang tat er das auch – nicht 21, aber wenigstens einige Abende lang. »Zu einem richtigen Karajan-Monat«, schreibt Egon Seefehlner in seinen Erinnerungen »Die Musik meines Lebens« (Neff Verlag, Wien), »ist es aber nie gekommen. Herbert von Karajan sah keine Möglichkeit, so viele Vorstellungen nach seinen Intentionen, was Proben und Besetzungen betraf, zu dirigieren.« Am Muttertag, dem 8. Mai 1977, nun bejubelten die Wiener 34 Minuten lang an der Grenze der Hysterie »die Heimkehr des verlorenen Sohnes« (Benjamin Cooper in »Welt am Sonntag«, 15.5.77), der mit seiner »Troubadour«-Inszenierung aus dem Jahre 1962 nach 13jähriger Abwesenheit wieder am Pult stand. (Die Solistenstars: Leontyne Price, Christa Ludwig, Piero Cappuccilli und Luciano Pavarotti!). Bis zum 20. Mai, also 13 Tage lang, währte die Freude: Der »Kniefall der Republik« (so »Der Spiegel«)

bescherte Karajan nicht nur das »Schloß aus Platin«, sondern auch den Wienern neun Glanzaufführungen – je dreimal »Der Troubadour«, »La Bohème« (von 1963) und Jean-Pierre Ponelles Neuinszenierung von »Die Hochzeit des Figaro«. Für die 13 419 verfügbaren Sitzplätze lagen über 100 000 Vorbestellungen vor. Den Portiers der Wiener Nobel-Hotels wurden bis zu 1500 Mark pro Karte geboten. Am Muttertag saßen Curd Jürgens in der 3. Reihe, die französischen Rothschilds in einer Loge, und Bundeskanzler Bruno Kreisky erhob am 12. Mai durch seine Anwesenheit die Oper »La Bohème« zur Gala und einer Art Staatsakt für Herbert von Karajan.

Doch war nicht alles eitel Sonnenschein, was sich um den Maestro herum tat. Mehr als einmal baute er seine Mauer auf. Und mehr als einmal gab es auch Kräfte, die nicht so wollten wie er. Mag sein, daß dabei auch Karajans angekratzte körperliche Verfassung eine Rolle spielte – seine schon erwähnte gefährliche Rückenoperation im Dezember 1975 beispielsweise, die ihn längere Zeit ans Bett fesselte, so daß er die Inszenierung des »Lohengrin« für die Osterfestspiele 1976 verspätet beginnen mußte, dadurch in Zeitdruck geriet und keine Regie-Diskussion duldete.

Das verärgerte René Kollo, der als Lohengrin im Brautgemach mehr menschliche Wärme und Liebesglut zeigen wollte, als Karajan zuließ. Karajans »Kälte« ließ Kollos Stimme erkalten. Er sang nur die Premiere (Kollo: »Noch nie war ich im dritten Akt so beschissen!«) und sagte dann die weiteren Vorstellungen ab.

Und der Bassist Karl Ridderbusch zeigte sich arg verschnupft, als Karajan ihm, der einen Zweieinhalb-Zentner-Körper und damit Probleme mit den Beinen hatte, zumutete, den ganzen ersten Akt lang zu stehen. Er wollte einen Thron haben. Karajan gab ihm keinen und sagte halblaut: »Bei der Gage kann er auch einen Akt lang stehen.« Ridderbusch nahm übel und daraufhin seinen Abschied vom Maestro.

Auch Karajans Wunschtraum-»Salome« von 1977 in Salzburg – Hildegard Behrens (Karajan: »Auf diese Stimme habe ich 20 Jahre lang gewartet«) – machte sich beim Maestro unbeliebt, als sie 1980 für die Kundry im »Parsifal« vorgesehen war und Mitbestimmung bei den Schallplatteneinspielungen beanspruchte. Da verzichtete Karajan auf sie.

Nicolai Ghiaurov, der bulgarische Bassist, wiederum sagte nach der »Aida«-Premiere alle weiteren Vorstellungen der Salzburger

Festspiele im August 1979 ab, weil er – in diesem Jahr als Oberpriester Ramphis besetzt – sich im nächsten Jahr mit der kleineren Partie des »Königs von Ägypten« zufriedengeben sollte – zugunsten seines Kollegen Ruggero Raimondi.

Auch mit den Fernsehübertragungen gab's Ärger. Meist waren da Vertragsschwierigkeiten zwischen den Solisten, den Opernhäusern (z.B. Mailänder Scala, Wiener Staatsoper), der Produktionsgesellschaft »Unitel« und Karajan. Da platzte ein Mailänder »Otello« 1976, und der Wirbel um »Don Carlos« aus der Scala 1977 glich einem Orkan. 1978 sollte Karajans »Troubadour« per Eurovision aus Wien über die Mattscheibe geschmettert werden – aber da schmetterte der unberechenbare Tenor Franco Bonisolli in der Generalprobe die Partie hin. Mit ein paar Tagen Verspätung fand der »Troubadour« doch statt: Placido Domingo sprang ein.

Schließlich referierte »Der Spiegel« unter dem Titel »Kolonialistisches Gehabe« über den ganzen Vertragswirrwarr, als Karajan eine für den 9. Mai 1980 vorgesehene Eurovisionsübertragung der Oper »Don Carlos« aus der Wiener Staatsoper ins Wasser fallen ließ. Karajans Darstellung davon hörte sich (laut Bachmann) jedoch so an: »Ich möchte erstens einmal wissen, wieso es kommt, daß man ein Produkt verkauft, das man nicht hat. Das ist im Fachjargon Piraterie. Die Wiener Oper war nicht imstande, die Sänger zu stellen, folglich hat sie es verhindert. Man soll nicht versuchen, irgend etwas jetzt herumzureden. Denn ich allein besitze fünf nicht unterschriebene Verträge. Nur um ganz sicherzugehen, hab' ich drei Tage vor Abschluß der Festspiele zu Ostern gesagt: Bitte, ich würde gern eine Fotokopie der Verträge sehen und der bestätigten Zeiten für die Proben der Sänger. Da kommen fünf Verträge an, die leer sind. Nein! Ich hab' einen Moment gedacht, ich bin verrückt. Was wir in Salzburg drei Jahre vorher machen, bevor es losgeht, da haben die sechs Tage vor Beginn der Probenzeit noch nicht einmal Verträge und trauen sich, das mir vorzulegen. Die haben natürlich sofort geschrieben, ich hätte abgesagt. Da ist davon geredet worden von Verträge brechen, und man müsse sich überlegen, ob eine Zusammenarbeit überhaupt noch jemals möglich ist… In Österreich ist es jetzt wirklich eigentlich wie in Albanien. Da kann jemand ungestraft alles mögliche sagen, und der Betroffene kann sich gar nicht wehren, weil seine (Anm.: Karajans) Darstellung nicht entgegengenommen wird. Das ist mir zum ersten Mal in meinem Leben passiert.«

Wer da nun eigentlich recht hatte, das ist fast undurchschaubar – auch für ausgefuchste Insider. Karajan jedenfalls, der 1977 sagte: »Die Menschheit hungert nach Schönheit und Liebe«, empfand, daß es ihm von kleinen oder größeren Geistern reichlich schwergemacht würde, diesen Hunger zu stillen. Auf der anderen Seite rückte er auch kein Jota von seinem Standpunkt ab – und ließ die Menschheit eben hungern, wenigstens eine Zeitlang.

Er konnte das auch leicht, denn getrieben von seiner nie erlahmenden Neugier auf alles, was mit Musik zusammenhängt, war er nach den ersten Erfolgen und seiner künstlerischen Befriedigung bei seinem Osterfestival längst auf neue Ideen gekommen.

Die setzte er auch sogleich um: Er ging unter die Stifter.

9. Kapitel

Der Stifter

Karajans Haus in St. Moritz liegt fast 1900 Meter hoch. Das riesige Fenster – eine Glaswand – ist gegen Süden gerichtet: auf den 3451 Meter hohen Gipfel des Corvatsch. Hier ist Karajans Meditations-, Schlaf- und Arbeitsraum. Hier sieht er in die Bergwelt hinaus. Hier hört er Musik – meist über Kopfhörer. »Natürlich«, sagt er, »denn sonst würde ich meine Umwelt zu sehr stören. Ich drehe die Lautstärke ganz auf, als ob ich vor dem Orchester säße. Und Sie wissen, da ist es oft sehr laut!«

Hier spielte er eines Tages Beethovens 3. Symphonie ab, die er kurz zuvor auf Band aufgenommen hatte, und erschrak. »Ich bin nach Sankt Moritz heraufgekommen«, erzählte er 1978 in einem »Stern«-Interview, »und fand den Trauermarsch aus der ›Eroica‹ entsetzlich langsam. Warum? Ich war drei Tage lang verstört, bis ich die Lösung hatte: Hier in den Bergen geht der Pulsschlag schneller!« Eine simple Erklärung. Vielleicht zu simpel? Denn wie ist's denn mit den Werken bestellt, die Karajan in dem Kammermusikstudio für die Schallplatte aufnimmt, das er sich in Sankt Moritz eingerichtet hat und wo er mit kleineren Ensembles der Berliner Philharmoniker produziert. Spielen da die Musiker schneller, hören sich die Aufnahmen dann im Flachland mit den entsprechend langsameren Pulsschlägen gehetzt an?

Ein anderes Beispiel: Bei den Berliner Philharmonikern gab es einen jungen hochbegabten Flötisten, dessen Pulsschlag vor einer extrem hohen Note auf 220 hinaufschnellte – Karajan: »...obgleich er weiß, das er es kann.« Karajan ließ ihn zu sich kommen und warnte ihn: Seine Gesundheit sei gefährdet, er müsse etwas dagegen tun.

Noch ein Beispiel, das Karajan erzählt: »Ich habe da einen 19jährigen Pianisten gehabt mit einem besonders hohen Puls. Dem schlug ich zunächst den Rhythmus von Ravels ›Bolero‹ genau zusammen mit seinem Herzschlag – ich habe dabei ein Ohr an seinem Herzen gehabt – und habe dann den Rhythmus verlangsamt. Das ging von Pulsschlag 136 herunter bis zum Metronom-schlag 80. Das Herz pochte immer langsamer, und als ich damit aufhörte, war der Pulsschlag wieder oben. So stark kann der Einfluß des Rhythmus sein!«

Und schließlich der Dirigent Karajan selbst: Durch sein jahrzehn-telanges Yoga-Atemtraining hatte er sich ›im Griff‹. Er sagte: »Ich kann meinen Atem kontrollieren, wenn ich in einen sehr starken Erregungszustand gerate. Ich atme mir dadurch eigentlich die Spannung weg« und »ich kann damit meinen Pulsschlag auf 42 herunterbringen. Deswegen bin ich so empfindsam und kann mich auf den Rhythmus einstellen.«

Neugierig ist er immer gewesen, der große Herbert von Karajan. Neugierig wie ein Kind. Ob er während der Tournee 1959 mit den Wiener Philharmonikern auf dem Flugplatz von Tokio sich an einem Kiosk stundenlang mit den neuesten elektronischen Spiel-zeugen beschäftigte. Oder ob er nun wirklich wissen wollte, wie das mit der Musik funktioniert, wie Menschen sie empfinden, was sie bewirken kann.

»Ich lese mit Vergnügen ja auch diese Walt-Disney-Bücher über Technik oder Botanik, weil dort in ganz einfacher Weise Dinge gesagt werden, die man längst vergessen hat.« So plauderte Kara-jan fröhlich und ehrlich im Mai 1968 in einem »Spiegel«-Ge-spräch. Dabei ging es um nichts Geringeres als um eine Stiftung, die er vorhatte: die Herbert-von-Karajan-Stiftung. Dort sollten höchstqualifizierte Wissenschaftler und Mediziner aus aller Welt, darunter Nobelpreisträger – also die Besten der Besten, wie's Brauch ist bei Karajan – auf greifbare Ergebnisse hinarbeiten: Welchen Einfluß hat Musik auf den gesunden, auf den kranken Menschen, auf das Kind (auch im Mutterleib, vor der Geburt), auf den Erwachsenen, auf normale und anomale Personen.

Die Erkenntnis, daß Musik einen Einfluß ausüben kann, ist nicht neu, sondern alt. »Wir behaupten, daß die Musik nicht nur zu einem einzigen nützlichen Zweck, sondern zu mehreren zu ge-brauchen ist, nämlich zur sittlichen Bildung und zur homöopathi-schen Reinigung von Affekten!« Das schrieb schon der alte Grie-che Aristoteles (384–322 v.Chr.). Karajan pflegte das mit der Legende zu ergänzen: »Man sagt ja auch, daß der griechische Feldherr Agamemnon, als er ins Feld zog nach Troja, seiner Frau Klytemnästra einen Flötenspieler hinterlassen hat, der sie durch anhaltendes Spielen einer Melodie zur Keuschheit veranlassen sollte. Wahrscheinlich war das Flötenspiel nicht gut, weil sie das Gegenteil gemacht hat und mit Ägisth die Ehe gebrochen hat...« Möglich aber auch, daß der Flötenspieler nur die falsche Tonart gewählt hatte. Denn bereits die alten Griechen haben festgestellt: Es gibt gewisse Tonarten, die ungünstige Einflüsse auf den Menschen auslösen – und verboten sie sogar bei Strafe. Positives über die Musik wird schon in der Bibel erzählt: König Saul wurde durch wunderschönes Harfenspiel von seinen Depressionen geheilt. Und der griechische Philosoph Plato (428–347 v.Chr.) erkannte die Musik als etwas Grundlegendes für die Gesundheit von Körper und Geist an. Schlagzeugrhythmen setzen nicht nur Naturvölker in Trance. Und Marschmusik – man weiß, welch massenpsychologische Wirkung sie hat.

Aber warum und wieso? Die wissenschaftlich gesicherten Antworten waren 1968 noch spärlich. Forschungen auf breiterer Basis, wie sie nötig gewesen wären, gab es noch nicht – denn sie kosteten Geld. Und das Geld fehlte. Der neugierige Karajan brachte es ein: Er gründete die »Herbert-von-Karajan-Stiftung« mit Sitz in Salzburg. Der Stiftungsbrief vom 11.3.1969 wurde vom österreichischen Bundesministerium für Unterricht unter »Z1.113.984-III/2/69« am 3.9.1969 angenommen. Karajan: »Ich tat's aus einem inneren Drang heraus...Ich hatte das Gefühl, daß Musik und Musikausübung mir bisher so viel gegeben haben, daß ich dieses Geschenk zurückgeben wollte.« Und weiter: »Ich hatte die Idee, die Stiftung in Salzburg und Berlin ins Leben zu rufen.« Ob ihm wohl dabei mit seinem Elefantengedächtnis das Gespräch in Erinnerung geblieben war, das er am 27. April 1965 (!) im Berliner Funkturm-Restaurant mit dem Nestor der modernen Musikkritik Hans Heinz Stuckenschmidt geführt hatte? Stuckenschmidt erwähnte es in seinen Erinnerungen »Zum Hören geboren« (dtv, Bärenreiter, Piper, 1979/1982): »Wir sprachen...über das Problem des Musikernachwuchses, dem Furtwängler eine Stiftung zugedacht hatte, ohne den Gedanken praktisch verwirklichen zu können.« Dieses Gespräch fand einen Tag nach der vollständigen Unterzeichnung des Vertrages statt, der Herbert von Karajan auf Lebenszeit zum Nachfolger Wilhelm Furtwänglers als Chef des Berliner Philharmonischen Orchesters bestellte.

»Ich bin ja im Grunde genommen gar nicht das, was man unter einem Dirigenten versteht«, sagte Karajan 1977 in einem »Welt am Sonntag«-Interview zu Felix Schmidt, »ich habe meinen Beruf immer als etwas Vielseitiges aufgefaßt, wobei die Forschung nach dem, wie Musik zustande kommt und die Musik-Erziehung eine immer gewichtigere Rolle spielen. Fürs erstere habe ich ja das Forschungsinstitut im Rahmen meiner Stiftung und fürs letztere den Dirigentenwettbewerb in Berlin.«

Zu ergänzen ist: und die Orchester-Akademie der Berliner Philharmoniker, die Schule für höchstqualifizierten Musik- und Instrumentalisten-Nachwuchs, die seiner Initiative zu danken ist. Zum Dirigentenwettbewerb kommt – seit 1969 jährlich alternierend – ein Wettbewerb der Jugendorchester aus aller Welt hinzu, deren Mitglieder elf bis neunzehn Jahre alt sind. Wie die Dirigenten spielen auch sie um Preise. Aus ihnen suchen drei bis vier internationale Experten die größten Talente aus. Die werden dann zu einem Orchester mit Mitgliedern aus allen Erdteilen zusammengestellt, egal, aus welchen Nationen sie kommen oder welche Hautfarbe sie haben. Karajan dirigiert es, wenn irgend möglich, in einem Schlußkonzert selbst.

Dazu sagt er: »Es ist wirklich rührend zu sehen, mit welcher Liebe diese Menschen miteinander musizieren und wie sich auch die Gegensätze – seien es solche der Sprache oder der Denkauffassung – durch die Musik vollkommen aufheben. Diese Menschen zu einer Einheit zu führen, wie sie eben nur in den höchsten geistigen Gefilden möglich ist, das ist eine Aufgabe, die mich lockt.«

Furtwänglers Idee, die Idee des Rivalen, des musikalischen »Gegners«? Wenn man in den Gesprächen und Gedankenäußerungen Furtwänglers, die von der Journalistin Karla Höcker und seiner Frau Elisabeth aufgezeichnet wurden, nachliest, kommt man darauf, daß das, was Furtwängler sagte, auch von Karajan stammen könnte – und umgekehrt. Jeder tat's auf seine Weise – aber im Grundtenor genauso wie der andere.

Der neugierige Karajan, der Stifter, war sich als Versuchskaninchen für seine Forscher nicht zu schade. Im Gegenteil: Er ließ sich selbst an Elektrokardiographen und Apparate zur Messung von Gehirnströmen anschließen – beim Dirigieren und beim Hören von Musik. Er schluckte Valium und stellte bei sich fest, daß er danach zwar ein ruhig-sicheres Gefühl hatte, das musikalische Ergebnis aber viel schlechter war. Als er sich zu Forschungszwecken auch noch unter härtere Drogen wie Haschisch, Kokain oder Opium setzen wollte, rieten ihm seine Ärzte jedoch so dringend ab, daß er – der unter mancherlei physischen Handicaps zu leiden

Karajan, der Entdecker und Förderer junger Talente: mit Anne-Sophie Mutter, der Geigerin, von der er sagte: »Von ihr können die Größten noch lernen!« (Foto: Deutsche Grammophon)

hatte und Krankheiten wie die Pest haßte – von diesen Experimenten Abstand nahm.

Während der Hauptproben zu »Siegfried« bei den Osterfestspielen 1969 wurde er in seinen Funktionen elektronisch gemessen. Die Ergebnisse wurden von den Ärzten und Wissenschaftlern Prof. Harrer und Dr. Simon ausgewertet. Man stellte fest: Nicht die dramatischen, emotionalen Höhepunkte der Musik sind es, die Herz und Kreislauf belasten, auch nicht die gesteigerten körperlichen Bewegungen, sondern im Gegenteil: Die Spannungsmomente der Pausen und der Stellen, an denen sich musikalisch scheinbar wenig tut, lassen in Extremfällen der inneren Erwartung den Blutdruck plötzlich um 30 bis 40 mm ansteigen. Der Dirigent Joseph Keilberth starb 1968 während des zweiten Aktes der Oper »Tristan und Isolde« am Pult der Bayerischen Staatsoper Mün-

Herbert von Karajan mit Anne-Sophie Mutter.
(Foto: Deutsche Grammophon)

chen. Es war demnach wohl die Spannung vor dem Piano-Einsatz des Tristan: »So stürben wir, um ungetrennt, ewig einig ohne End'...«, die sein Herz stillstehen ließ.

Die angesehene amerikanische Zeitschrift »Medical Tribune« fragte Karajan 1975 durch ihren International Publisher Dr. A.M.Sackler, New York, nach weiteren Beispielen für die Wirkung der Musik auf eine physiologische Funktion. Karajan: »Kürzlich dirigierte ich die Philharmoniker in Beirut. Die ziemlich hochliegende Hochebene von Beirut war einmal die größte Kornkammer des Römischen Reiches. Dort traf ich einen Mann, der eine interessante Entdeckung gemacht hatte. Er war Musiker und Landwirt und experimentierte mit Kühen, um die Wirkung der Musik herauszufinden. Er stellte fest, daß die Kühe mit Musik mehr und bessere Milch geben. Das Ergebnis war deutlich um so positiver, je besser die Musik war. Die besten Ergebnisse erzielte er mit Mozart.«

Das klingt wie ein Witz. Aber: Der amerikanische Herzchirurg Dr. William C. de Vries im Humana Hospital Audubon in Louisville (Kentucky) läßt bei seinen schwierigsten Operationen Musik von Vivaldi vom Tonband laufen. »Ohne die Musik«, sagte er einmal nach einer besonders komplizierten Operation, »hätte ich es nicht durchgestanden.« Und er machte damit keinen Witz.

Doch nicht nur die Wirkungen der Musik auf den Dirigenten oder durch ihn auf die Hörer oder die »Manipulatoren« (ein Lieblingswort Karajans, von dem noch die Rede sein wird) der Musik interessieren den Maestro. Er versucht auch, seinen Orchestermitgliedern auf den Grund ihrer Seele zu dringen.

»Ein Orchester ist eben ein großes Geheimnis«, sagte er 1980 in einem Interview der niederländischen Zeitschrift »Disk«. »Die Psychologie des Orchesters ist eines der interessantesten Dinge von denen, die bisher nicht wirklich erforscht worden sind. Wie die Musiker denken, wie sie zusammenkommen! Denken Sie bloß einmal an einen ganz schnellen Lauf bei den Geigen, die ja so weit auseinandersitzen, daß niemals der eine, der ganz hinten sitzt, den ersten vorn hören kann. Und in manchen Stücken spielen sie die Zahl von Noten in der Sekunde, von der man in der Physik annimmt, daß sie gerade noch vom Gehör unterschieden werden kann – das sind ungefähr 19 pro Sekunde, das ist der Schluß der ›Leonore‹-Ouvertüre. Man kann das in einem Computer testen. Wenn das zusammenläuft, ergibt es ein Bild, das vollkommen symmetrisch ist. Und das ist es wirklich. Wie aber kommt das zustande? Das läuft ein bißchen so wie bei dem Engländer, der von seinem mitteleuropäischen Freund gefragt wird: ›Sag' mal, wie machst du das eigentlich, daß dein wunderbarer Rasen wie ein Teppich ausschaut?‹ Und er bekommt die Antwort: ›Schau, du mußt ihn alle Wochen schneiden und ein paarmal walzen – und das ganze 600 Jahre!‹

Und so bedeutet das bei einem Orchester auch die lange Zeitspanne, seit der sie zusammensitzen. Normalerweise hat es eine Sitzordnung. Und da kennt jeder schon am Rücken des anderen, was er zu machen bereit ist oder machen wird. Das Orchester ist da ein Medium, das sich verhält wie bei einem Vogelflug. Wenn Sie sehen, wie die Vögel gegeneinander fliegen und niemals zusammenstoßen – die haben ein Massengefühl. Ich kann ihnen oft stundenlang zuschauen. Es gibt bei ihnen keinen Unsicherheitsfaktor. Und das Orchester: Von einem bestimmten Moment an entwickeln diese 120 Menschen einen gesamten Geist. Die sind von einem gemeinsamen Wollen beseelt. Erstens einmal, um es gut zu machen und auch mit der Erwartung, was jetzt kommen wird. So kann sie auch die geringste Unsicherheit eines Kapellmeisters ganz auseinanderlösen. Es sind lauter Individuen, die Angst haben, daß es danebengeht. In manchen Stücken kann es nicht sein, weil sie so eingefleischt sind, daß sie einem Gesamtbetrieb gehorchen; der Dirigent und das Orchester zusammen, das ist eine einzige Sache. Das hat mit Dirigieren gar nichts zu tun, das sind Dinge, die weit über das hinausgehen.«

Die Psychologie des Orchesters – hinter dieses Geheimnis zu kommen, reizte Karajan. Diesem Geheimnis ist das erste Kapitel seines Buches gewidmet, an dem er über ein Jahrzehnt arbeitet – »jeden Tag zwölf Zeilen mit der Hand in Druckschrift geschrieben«, hat er mal gesagt, »wie Thomas Mann.« Und in Druckschrift, »weil ich es sonst nicht mehr lesen kann.« Ursprünglich hatte er seine Gedanken zu diktieren versucht, war aber dann beim Lesen der Niederschrift über seinen eigenen Stil – »ich bin fanatischer Linguist« – so erschrocken, daß er das Diktat sein ließ. Lieber an den handschriftlichen Zeilen herumfeilen – schließlich muß es ja perfekt sein, sonst wäre es nicht von Karajan.

Wobei wir wieder beim Wort »manipulieren« sind, das sich wie ein roter Faden durch alle Äußerungen Karajans über das Musikmachen im allgemeinen und im besonderen zieht.

»Manipulieren Sie die Musik?« Diese Frage stellte ihm Herbert W. Müller 1978 in »Fonoforum«. Diese Frage wurde ihm immer wieder angesichts seiner medientechnischen Aktivitäten von Fachjournalisten und Laien gestellt. Und immer wieder beantwortete Karajan sie so: »Was heißt ›manipulieren‹ denn wirklich? Wörtlich übersetzt: ›handhaben‹! So handhabt der Tischler seinen Hobel, um den Tisch glattzumachen.«

Das klingt einleuchtend, aber fast zu einfach. Karajans Beweis ging jedoch stets weiter: »Wo wird denn nicht manipuliert? Manipuliert wird einzig und allein nicht im Gehirn des Komponisten, weil er über einen dynamischen Spannungsgehalt verfügt, den er in der Form eines Kunstwerks ausdrücken will. Das alles spielt sich noch in seinem Kopf ab. In dem Moment aber, in dem er den

Bleistift zur Hand nimmt, manipuliert er bereits – er manipuliert seine Idee.« Karajan führte an, daß nun die handgeschriebenen Noten kommen, die »Musikschrift«, die an sich schon das Ungenaueste ist, was man sich denken kann.

»Dann werden die Noten gesetzt und gedruckt«, fuhr er fort. »Auch hier wird wieder manipuliert, weil in einem bestimmten Rhythmus plötzlich noch zwei Takte auf eine Druckseite gequetscht werden müssen. So werden die Takte also enger als sonst gesetzt, und enge Takte spielt das Orchester eben schneller. Das ist optisch bedingt, das ist eine alte Geschichte, und, nur am Rande, ich bin sicher, daß man wahrscheinlich die halbe Probenzeit sparen könnte, wenn Orchesterstimmen spielgerecht gesetzt und gedruckt würden.«

Doch weiter: »Jetzt kommt der Orchestermusiker. Er muß wieder sein Instrument manipulieren; er muß, als Holzbläser beispielsweise, nicht nur die Klappen drücken, er muß auch über Ansatz verfügen, er muß den Ton herausbekommen. Das Ganze wird nun vom Dirigenten manipuliert.«

Karajan behauptet mit Recht, daß dann der Konzertsaal den Klang »manipuliert«, den Klang schön macht oder verzerrt. Im Konzertsaal gibt es keine zehn Plätze, die die gleiche Akustik haben. Auf diesen Plätzen sitzen die Hörer, an deren Ohren Klang kommt. »Weiß ich denn«, sagte Karajan, »ob dieser Hörer nicht kurz vor dem Konzert einen Gallenanfall gehabt hat oder einen Streit mit seiner Frau; ob er Zahnweh hat oder umgekehrt in einer besonders guten Stimmung ist? Auch hier wird nun wieder von Gesundheit und Stimmung her der Eindruck des Hörens zurückmanipuliert. Deswegen führt dieses Wort zu nichts. Man kann also nur sagen, wir schauen, daß wir diese Dinge so gut wie möglich machen, weil es klar ist, daß ich – jetzt spreche ich von Schallplattenaufnahmen – nach so und so vielen Abmischungen das Klangbild so vor mir habe, wie ich es bei meinem Orchester selber höre. So bin ich sicher, daß jeder, der dann diese Aufnahme hört, genau *meinen* Klang hört!« Wobei man wissen muß, daß Herbert von Karajan auf die technische Seite der Reproduktion zusammen mit Aufnahmeleiter und Toningenieur mindestens genauso viel Zeit verwendete wie auf die Proben und Aufnahmen mit dem Orchester. Er unterschied sich dabei wesentlich von den meisten – auch berühmten – Dirigenten, einfach weil er auch diesen Hobel, Pardon, diese Technik beherrschte.

Er machte nichts, was er nicht beherrschte. Und deswegen komponierte er auch nicht wie so viele seiner Kollegen, wie Furtwängler, der nach eigenem Bekunden das Dirigieren als Nebentätigkeit ansah, eben um komponieren zu können, der ja in seiner Jugend überhaupt als Komponist angefangen hat, ehe er sein überragendes Talent als Dirigent einsetzte.

Karajan hat im ZDF-Interview mit Friedrich W. Müller 1983 recht launig erzählt, warum er nicht komponiere: »Ich war in Wien (Anm.: während seines Studiums an der Musikhochschule) in einer Kompositionsklasse von Franz Schmidt. Und während ich in dem Dirigentenkurs war, mußte ich zwangsweise ›Komposition‹ hören. Und da waren alle möglichen Talente drinnen, und der eine kam an und sagte: ›Was haben Sie?‹ und der andere antwortete ihm: ›Ich habe eine Oper jetzt fertig gemacht‹ und der nächste ein Klavierkonzert und so weiter. Und dann hieß es: ›Und Karajan, was haben Sie?‹ Sag' ich: ›Ja, wissen Sie, ich bin jetzt noch am Denken, es ist noch nicht soweit.‹ Das ging also so weiter. Ich wurde am Schluß so eine komische Figur, und da habe ich mir einmal gesagt, so geht's nicht weiter, und hab' mir einen Band von Heinrich Heine genommen, mit der Nadel hineingestochen und dann das nächstliegende kürzeste Gedicht herausgesucht und habe das vertont. Und beim nächsten Mal die Frage: ›Haben Sie was?‹, da haben alle gedacht, ich werde ›Nein‹ sagen. Ich aber: ›Ja, ich habe was!‹ Alles war nun hoch gespannt. Das Lied wurde vorgespielt – und dann hat der liebe Schmidt, den ich trotzdem sehr verehrt habe, der ist dann aufgestanden und hat gesagt: ›Wissen Sie, Ihre Begabung scheint doch eigentlich mehr auf die Operette zu gehen.‹ Brüllendes Gelächter von allen! Und dann jedesmal, wenn er mich wieder gefragt hat, hab' ich gesagt, ich bin so schockiert durch sein hartes Urteil gewesen, daß mir nun wirklich nichts mehr eingefallen ist. Da unterscheide ich mich sicherlich nachteilig von meinen Kollegen, die das tun, eben komponieren – aber ich *muß nicht*, ich kann's nicht! Es ist mir nie der Wunsch gekommen, nicht, daß es unterdrückt ist – ich *will nicht*!« Übrigens, wenn Karajan doch hätte komponieren wollen, »dann hätte ich komponiert wie Schostakowitsch«, hat er einmal gestanden.

Karajans Stiftung zur Erforschung der Zusammenhänge zwischen Musik, Musikwiedergabe und Musikaufnahme durch Lebewesen (wobei zwar der Mensch im Vordergrund steht, aber durchaus auch Tiere und Pflanzen ihren Platz haben) wurde 1979 von

Karajans Vorbild als Komponist: Dimitri Schostakowitsch (links) nach einem Konzert der Berliner Philharmoniker im Juni 1969 in Leningrad, bei dem Karajan die 10. Symphonie des russischen Komponisten dirigiert hatte. (Foto: Bilderdienst Südd. Verlag)

Salzburg nach Wien verlegt. Sie wurde an die Wiener Universität angegliedert. Die Symposien der Wissenschaftler finden allerdings jeweils im Anschluß an die Osterfestspiele in Salzburg statt. Karajan ist stets gespanntester Zuhörer und lebhafter Diskussionsteilnehmer. Die Themen, von denen die meisten später veröffentlicht wurden, lauteten unter anderem: »Der musikalische Weltentwurf. Philosophische Perspektiven« (Berlinger, 1970), »Psychologische Probleme der musikalischen Begabung« (Pollok, 1971, Dissertation), »Musik und Schlaf; ein experimenteller Beitrag zur Erforschung des Musikerlebens« (Krysl, 1972, Dissertation), »Musik und Vegetativum« (Harrer, Pöldinger, Revers, Si-

Dirigentenkurs in Leningrad.   (Foto: Kuhnigk)

mon, 1973), »Neue Wege der Musiktherapie« (Harrer, Revers, Simon, 1973, Econ Verlag), »Musik – Intelligenz – Phantasie« (Revers, Rauhe, 1979).

Preise ließ Herbert von Karajan nicht nur verteilen – er bekam auch selber welche. Im April 1977 erhielt er in München den »Ernst von Siemens-Musikpreis« in Höhe von 100 000 Schweizer Franken, der als eine Art Nobelpreis für Musik gilt (Karajans strahlender Kommentar: »Mein erster Preis!«). Das Geld stellte er seiner eigenen Stiftung in Berlin und Salzburg zur Verfügung. Ohne den ideellen Wert dieser Auszeichnung schmälern zu wollen, sei erwähnt, daß die Schallplatten-Industrie (vor allem die

»Deutsche Grammophon«) eng mit Siemens verknüpft ist und Karajans Tonträger-Produktionen in hohem Maße profitabel waren und sind.

Seinen zweiten Preis bekam Karajan am 12. Dezember 1984 in Berlin: den Eduard-Rhein-Ring, verbunden mit 100 000 Mark zugunsten der von Karajan initiierten Orchesterakademie des Berliner Philharmonischen Orchesters.

Der 84jährige Stifter des Rings, Eduard Rhein, überreichte die Auszeichnung selbst. Karajan wurde damit für seinen Einsatz bei der »Durchsetzung des Stereoton-Fernsehens im ZDF (Zweites Deutsches Fernsehen)« und für sein »konsequentes Engagement für die Einführung der digitalen Tontechnik« geehrt.

Bei der Verleihung meinte Rhein, es sei »ganz und gar ungewöhnlich, manche Techniker sagen sogar ›ungebührlich‹«, daß sich ein so hochbegabter Dirigent um die technischen Einzelheiten der ihnen anvertrauten Elektromaschinerie kümmere und daß »ein so Unberufener sogar Forderungen stellt und sie letztlich durchdrückt«. Dies aber habe Herbert von Karajan getan. So faßte es die Deutsche Presse-Agentur zusammen.

Um zu würdigen, was dieser Rhein-Ring für Karajan bedeutete, muß man etwas von dessen Stifter wissen. In den dreißiger Jahren erschienen zwei revolutionäre Jugendbücher: »Wunder der Wellen« und »Du und die Elektrizität«. Eduard Rhein, Ingenieur, Physiker und Redakteur, hatte sie geschrieben. Auf einzigartige Weise führten sie, für jedes Kind und jeden erwachsenen Laien spielend verständlich, in die Welt von Volt, Hertz und Watt ein. Sie erreichten Millionenauflagen, wurden in viele Sprachen übersetzt und sogar in Blindenschrift herausgegeben. Man kann sie als Grundlagen bezeichnen, von denen die damals ganz junge Generation angeregt wurde, später die stürmische Entwicklung von Funk, Fernsehen und Schallplatte mit allen Konsequenzen voranzutreiben.

Noch revolutionärer war Anfang der 50er Jahre Rheins Erfindung der sogenannten »Füllschrift-Rille« für die Schallplatte. Zehn Jahre lang hatte er daran gearbeitet. Das Ergebnis war die erste Langspielplatte. Denn dauerte bisher eine Plattenseite höchstens vier bis fünf Minuten, ließen sich durch Rheins Füllschrift-Verfahren sogar 25 Minuten Musik auf einer Seite unterbringen. Zudem wurde die Wiedergabequalität erheblich verbessert.

Im Rundfunk sind heutzutage UKW-Sender eine Selbstverständlichkeit. Für ihre Einrichtung und ihren Ausbau hatte sich Eduard Rhein mit allen ihm zur Verfügung stehenden Mitteln eingesetzt, vor allem in »Hör zu«, der größten Funk- und Fernsehzeitschrift der Bundesrepublik Deutschland, deren Initiator (1946) und Chefredakteur er bis 1966 war.

Selbst im hohen Alter engagierte sich »Vater Rhein« (der tatsächlich vom Rhein, nämlich aus Königswinter, stammte) unermüdlich für seine technischen Träume wie: den flachen Bildschirm, HiFi-Stereoton im Fernsehen und hochauflösendes TV-Bild mit einer Zeilenzahl von 1200, heute in japanischen Laboratorien schon in die Tat umgesetzt.

Am Rande muß zur Vervollständigung der Vielseitigkeit des Rhein-Bildes erwähnt werden: Er schrieb über ein Dutzend Erfolgsromane (unter diversen Pseudonymen), von denen sieben verfilmt wurden, und verfaßte das Libretto für die Operette »Traumland« seines Freundes Eduard Künneke.

Vielseitigkeit und Unermüdlichkeit – zwei Eigenschaften, die den Mann vom Rhein mit dem Mann von der Salzach eng verbinden. Um die Dankbarkeit zu verstehen, die Karajan gegenüber Eduard Rhein empfand, muß man seinen Stoßseufzer der Erinnerung hören, den er am 15. April 1981 in Salzburg losließ – an jenem Tag, an dem er in einer Gemeinschaftsveranstaltung der Firmen Polygram, Sony, Philips und Deutsche Grammophon der Weltöffentlichkeit enthusiastisch jene »Compact Disc« (CD) vorstellte, für die er, der 73jährige, sich so eingesetzt hatte.

An jenem Vormittag also erinnerte er sich an 1949: »Wenn ich daran zurückdenke – es war wirklich eine Tortur. Sie müssen sich eines vorstellen: Es wurde auf Wachsplatten aufgenommen. Eine Wachsplatte hat damals dreieinhalb Minuten gedauert, und wenn ein Fehler passiert ist, gerade kurz vor Schluß, dann mußte der Oboist sein wunderbar gespieltes Solo noch einmal wiederholen – und ein zweites Mal, dann hatte er gewöhnlich schon natürlicherweise einen Komplex, und dann ging's überhaupt nicht mehr. Wir haben dann sieben-, achtmal wiederholen müssen...«

Später endlich wurde über Magnettonband aufgezeichnet, es kam die Langspielplatte. Sie wurde immer weiter verbessert. Es folgte der Stereo-Ton in HiFi-Qualität. Es kam das Fernsehen in Farbe... Und immer war Karajan mit seinen Plänen und Voraussichten in Gedanken schon weiter als alle anderen.

Zur Erinnerung: Es war Walter Legge, der englische Schallplat-

Der Meister mit Katia Ricciarelli und Placido Domingo bei den Proben zu »Turandot«. (Foto: Deutsche Grammophon)

ten-Produzent der »Columbia«, mit dem Karajan schon 1946 Musik aufnahm, als er noch Dirigierverbot hatte. Und diese Schallplatten ließen den vor Musikehrgeiz brennenden, im eigenen Lande aber noch zum Schweigen verurteilten Dirigenten Herbert von Karajan in Großbritannien und in den USA bekannt werden, noch ehe ihn dort jemand zu Gesicht bekommen hatte.

Hier liegt die Wurzel zur Idee der »Musik für Millionen«, wie Karajan sie verstand. Hier begann er bereits den Medien zu verfallen, »sehr schnell, sehr teuer, sehr clever«, wie Paul Hager das einmal ausdrückte und aus eigenem Erleben ergänzte: »Da hat er mir Visionen über Zeiträume erzählt, die wir heute (1982) noch lange nicht erreicht haben, die er aber schon ›produzierte‹: Wie in den Zentren des Mittleren Wilden Westens etwa um 1990 die Basis der dortigen Heimkultur sein werde: ›Müssen Sie mal denken, Hager‹, sagte er mir, ›im Mittleren Wilden Westen, alle tausend Kilometer ein Dorf, und dort sieht man den ›Bajazzo‹, den wir jetzt (1968) in Mailand filmen. Das ist die Kultur, die wirklich die Menschen erreicht, unabhängig von den riesigen Metropolen. Und an dem ›Bajazzo‹, da verdienen wir beide noch erst dran, wenn das Jahr 2000 kommt...‹« Soweit Hagers impressionistische Erzählung.

Clever – Karajan hat nie aus den Augen verloren, daß und wieviel mit Schallplatten zu verdienen ist. Dafür hat er sich auch schon mal zu Produktionen hinreißen lassen, die zu seinen idealistischen Sentenzen in krassem Gegensatz stehen. Als Beispiel sei nur die schnulzige Einspielung des »Ave Maria« von Bach in der Gounod-Bearbeitung und des »Ave Maria« von Franz Schubert in Orchesterfassung, beides von Sabatini arrangiert, zusammen mit Weihnachtsliedern unter dem Titel »Weihnachten mit Leontyne Price« mit den Wiener Philharmonikern (1961) erwähnt. Dabei kann man den 17 Nationalhymnen der europäischen Nationen, die er 1972 für den Europa-Rat mit den Berliner Philharmonikern einspielte, eine gewisse Berechtigung nicht absprechen (siehe »Wirkungen der Musik auf den Menschen« – ein Forschungsziel). Und die Aufnahmen von 33 preußischen und österreichischen Märschen (1973) – vom »Yorck'schen Marsch« von Beethoven über den »Königgrätzer Liedermarsch« von Seifert und »Alte Kameraden« von Teike bis zum »Nibelungen-Marsch« von Sonntag – sollten als Kuriosum wenigstens in keiner Sammlung eines Karajan-Fans fehlen.

An die 900 Titel hat Herbert von Karajan im Laufe seiner Karriere auf Schallplatten aufgenommen – darunter viermal alle neun Beethoven-Symphonien: zuerst mit dem Philharmonia Orchestra London, dann immer mit den Berliner Philharmonikern – und zwar jedesmal, wenn eine neue, verbesserte Aufnahmetechnik erfunden worden war, zuletzt 1982 für die Compact Disc, jene 12-cm-Scheibe, die durch Laserstrahl berührungs- und verschleißfrei abgetastet wird, deren Klänge absolut pur wiedergegeben werden.

Als Karajan am 12. Juni 1982 die erste serienmäßig gefertigte spiegelblanke CD-Scheibe mit seiner Aufnahme von Strauss' »Alpensymphonie« durch die Polygram (Deutsche Grammophon) überreicht wurde, konnte er seinen Jubel kaum verhehlen. »Sehen Sie«, sprach er mit leuchtenden Augen und hob die kleine Platte

26. August 1983: Präsentation von Karajans Einspielung der Oper »Carmen« auf Compact Disc. Von links: Herbert von Karajan, Dr. Uli Märkle (nachmaliger Geschäftsführender Direktor der »Telemondial«), Günther Breest (Produktionsleiter, Deutsche Grammophon), Antje Henneking (Artist Promotion, Deutsche Grammophon), Agnes Baltsa (Sängerin der Titelpartie).   (Foto: Rudolf Oscar)

hoch – dabei bog er sie hin und her, »sehen Sie, und diese Platten können Sie nun auch im Segelboot oder im Auto spielen. Sie gehen nicht kaputt, und die Musikklänge sind von höchster Qualität!«

Noch 1982 waren übrigens noch viele Hersteller der neuen Technik gegenüber skeptisch. Schließlich war nicht nur das Aufnahmeverfahren neu, auch die Fertigung der Platten (sie muß in absolut staub- und keimfreien Räumen stattfinden, die Fabrik dazu erforderte immense Investitionen) und die Einführung völlig neuer (und zunächst nicht gerade billiger) Abspielgeräte ließ viele düster in die Zukunft blicken. »Wenn die Compact Disc ein Flop wird«, wurde im Februar 1983 ein Manager in »Der Spiegel« zitiert, »sind einige Manager mausetot.«

Für Karajan jedoch war und ist die CD »ein Meilenstein der technischen Entwicklung«.

Und auch hier schien der Maestro zwei Jahre später schon recht behalten zu haben mit seinem Vorwärtsdrängen (»Ich schaue nie zurück!«) entgegen aller Skepsis. Man konnte es am 28. Januar 1985 im »Spiegel« nachlesen: »Allein in der Bundesrepublik sind im letzten Jahr 2,4 Millionen Compact-Scheiben verkauft worden. Weltweit stieg der Absatz auf 17 Millionen. In diesem Jahr rechnen die Firmen mit 40 Millionen Laserplatten.« Und der Klassik-Chef der Deutschen Grammophon, Carl Wilhelm Kürten, konnte sich die Hände reiben: »Mit diesem schnellen Durchbruch hat keiner gerechnet.«

Einer vielleicht doch: Herbert von Karajan.

Dabei war der Maestro durchaus nicht der Mann, der alles, was neu ist, blind übernahm. Der Dirigent, der 1985 als 77jähriger wie besessen Oper und Konzert in für den Bildschirm adäquat zugerichteter Form produzierte, war 1963 ganz dagegen. Er meinte, daß Television zwar ein »interessantes und zukunftsweisendes Kapitel« sei, aber in dem Anfangsstadium noch einen grundlegenden Fehler aufweise: »Es ist sozusagen die Musik von Riesen und die Optik von Zwergen«, sagte er damals in einem »Spiegel«-Interview. »Wenn ein Chor auf der Bühne steht, ist der einzelne Mann in der Television sieben bis neun Millimeter groß. Dagegen haben Sie aber einen Klang im Raum, der den Raum mindestens so ausfüllt wie das Orchester das Opernhaus. Sie haben dann die Ohren voll und sehen das Männchen. Das kann nicht stimmen.« Damals sah Karajan die Fernsehzukunft von Oper und Konzert in einem auf eine Wand projizierten Riesenbild.

Doch 17 Jahre später erzählte er in »Disk« auf die Frage »zur Verbindung des kleinen Bildes mit dem großen Ton« »ein sehr interessantes Beispiel« (so seine Worte): »Vor etwa 12 oder 14 Jahren (Anm. Ende der 60er Jahre) hat die Mailänder Scala in Moskau ein Gastspiel gegeben. Ich habe damals im Bolschoi-Theater dirigiert. Manche Vorstellungen wurden in einem anderen riesigen Saal gegeben, der 6000 Personen faßt. Ich bin in eine Vorstellung, die ich nicht dirigierte, gegangen, weil mich das sehr interessierte. Ich habe dort die Techniker gebeten, sie mögen mich in die Rundfunkkabine mitnehmen. Dort hatte der leitende Ingenieur einen Monitor, der stand auf der Seite, und wenn ich ihn mit der Bühne verglichen habe, dann waren die Ausschnitte gleich groß. An diesem Tage habe ich mehr gelernt als jemals zuvor. Denn der Ingenieur hat das gesehen, was auch der Zuschauer vor Augen hatte – natürlich nicht der von der ersten Reihe. Wenn Sie wollen, ist das natürlich eine Ungerechtigkeit im Theater: Kein Mensch sieht ein Bild so wie ein anderer. Auch wenn Sie vielleicht 20 Meter weit weg von der Bühne sitzen, so sehen Sie doch nur eine Gestalt, die mit den Armen herumfuchtelt, aber Sie sehen doch niemals sein Mienenspiel.

Wir haben einen Film gemacht über den ›Bajazzo‹, da kommt diese Arie, wo der Tenor erkennt, daß seine Frau ihn betrügt – und darüber dann seinen Schmerz in die Welt singt, weil er eine Wut bekommt. Das singt er normalerweise einfach ins Publikum hinein. Im Film habe ich ihn sich schminken lassen mit einem Handspiegel und, wie er das erfährt und sich plötzlich klar wird, schlägt er mit der Faust hinein. Der Spiegel zerbricht. Und dieses zerbrochene Antlitz hat aus dem Spiegel herausgesungen.

Das könnten Sie in keinem Theater machen, niemand würde Ihnen das glauben. Man müßte den Spiegel sehen und das davon beeinflußte Gesicht. Deswegen sind manche Dinge, wenn man sie richtig anfaßt, im Film viel besser darzustellen als im Theater. Im Konzert schaut sich das Publikum auch nicht das Ganze an. Es ist ja ein Vorteil unseres Auges, daß wir viele Dinge zu gleicher Zeit sehen können, aber im Grunde genommen konzentrieren wir uns auf eines. Und das versuchen wir nachzumachen und fragen uns: Wo könnte er hinschauen? Wo ist es nötig, ihn zu lenken, damit er mit dem Bildeindruck auch den akustischen Eindruck parallel zusammen hat? Und in dieser Weise tun wir viel mehr, als früher möglich war, weil einfach diese Gelegenheit gar nicht da war. Man ist immer bereit, von der Technik abschätzig zu sprechen. Technik ist ein sehr vielseitiges Wort. Da sagt man immer, sie manipulieren den Klang. Wir können mit dieser Technik einen Klang herstellen, von dem ich weiß, daß jeder Zuhörer ihn so erleben kann wie im Opernhaus!«

Das beweiskräftigste Beispiel liefert wieder einmal das Fernsehen. Karajan – an das Zweite Deutsche Fernsehen vertraglich gebunden – ärgerte sich. Nämlich darüber, daß das erste Fernsehen, die ARD, Konzerte (zum Beispiel alle neun Beethoven-Symphonien unter Bernstein) oder Opern auf dem Umweg über ihre Dritten UKW-Programme in Stereo und mit HiFi-Klang ausstrahlen lassen konnte. Die Zuschauer brauchtes zu Hause nur den Ton ihres

Fernsehers aus- und das örtliche Dritte UKW-Programm einzuschalten, dort lief der Ton synchron in Stereo mit.

Warum, so fragte er streng, kann das ZDF nicht auch in Stereo ausstrahlen? Antwort: Weil es keine UKW-Sender zur Verfügung hat, weil es keine Zwei-Kanal-Ton-Ausstrahlung hat und weil die Industrie bis dahin gar keine Fernsehapparate mit Stereo-Empfangs- und Wiedergabeteil hergestellt hatte.

Karajans Reaktion was typisch: Er erklärte, so lange keine seiner Live-Konzerte durch das ZDF ausstrahlen zu lassen, wie kein Stereo-Ton möglich sei. Das war Mitte 1979.

Was geschah? Das ZDF richtete mit einem Millionenaufwand – ohne Absprache mit den Kollegen von der ARD – eine eigene Technik, die es allerdings schon in der Schublade hatte, zur direkten Ausstrahlung in Stereo ein. Und die Industrie? Die holte, so schnell es ging, die Schaltpläne für Fernsehgeräte mit zwei Lautsprechern und entsprechender Stereo-Ton-Empfangs- und Wiedergabemöglichkeit aus den Entwicklungslabors.

Und siehe da – Karajan macht's möglich: So unglaublich es klingt, nach Ablauf von kaum drei Jahren boten die Geräte-Hersteller Stereo-Fernseher an, fanden sich solche Apparate schon in Versandhauskatalogen wie z.B. »Quelle«, wo im übrigen auch längst preiswerte CD-Plattenspieler angeboten werden.

Natürlich wußte Karajan, dank seiner fernöstlichen Beziehungen in Japan, daß nur ein wenig Druck nötig sei, um die Konkurrenz zu mobilisieren. Heute – im Jahre 1986 – ist Stereo im Fernsehen kein Problem mehr. Und wem die eingebauten Stereo-Lautsprecher zu schlecht sind, der kann aus seinem Apparat bequem über die Klein-HiFi-Anlage bzw. deren Lautsprecher Spitzentöne á la Karajan hören – und den Maestro dazu sehen, wie er es will.

So wie Karajan schon 1968 (!) vorausgesagt hatte: »Es geht jetzt auf das Audio-Video-Tape zu« (Fonoforum), und »Was früher die Bibliothek war, wird diese – ich will mal sagen, optische Diskothek sein«, genauso wird sich auch eine Karajansche Vision in absehbare Zeit erfüllen, von der er 1978 zu Robert C. Bachmann sprach: »Auf dem Gebiet des Kabelfernsehens und der Bildkassette kommt eine gigantische Entwicklung auf uns zu. Die gegenwärtig neu entstehenden Verfahren, die zum Teil sogar auf der Basis von Hologrammen arbeiten werden, bedeuten einen enormen Fortschritt…Das ist nun einmal die Zukunft, sie wird kommen, und es gibt keine Möglichkeit mehr, diese Entwicklung aufzuhalten.«

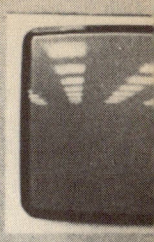

BILDPLATTE · VIDEO DISC · D

Schon 1971 (!) setzte sich Herbert von Karajan für die Musikwiedergabe auf Bildplatte (Video Disc) ein. Damals steckte die Entwicklung noch in den Kinderschuhen. (Foto: Ullstein/Binder)

Hologramme, Holographie – das ist die Technik, durch Laserstrahlen dreidimensionale, d.h. räumliche Bilder herzustellen und wiederzugeben. Das bedeutet: Es wird gar nicht mehr lange dauern, da steht Karajan leibhaftig im Wohnzimmer, die Berliner Philharmoniker musizieren im Salon. Das ist der übernächste Schritt. Der nächste, von Karajan 1977 prophezeite Schritt ist schon getan: »...wenn erst die Bildplatte (sie wird ebenfalls durch Laserstrahl abgetastet) populär geworden ist, kann jeder Opernliebhaber meine Inszenierungen in der bestmöglichen Wiedergabe daheim laufen lassen, wann immer er will...«

Die Bildplatte – viele hielten auch sie für einen Flop. Weltfirmen wollten davon nichts wissen. Heimlich arbeiteten sie aber dennoch an ihrer Entwicklung weiter.

Eines ist sicher: Der Motor, der Herbert von Karajan heißt, der mit 78 Jahren noch läuft und läuft und läuft, ist wohl der modernste auf dem Sektor »Musik und Technik«, den unser Jahrtausend kennt.

So gründete er im März 1983 eine neue Firma – die Film Company »Telemondial« mit Sitz in Monte Carlo. Sie stellt Filme mit Werken klassischer Musik für audio-visuelle Medien her. Und zwar, das ist ausdrücklich juristisch festgehalten, mit allen Verwertungsrechten sogar für Medientechniken, die erst noch erfunden werden, die weit in der Zukunft liegen.

Einfrieren lassen möchte er sich, hat er mal gesagt, 20 Jahre in einer Tiefkühltruhe liegen und sich dann wieder auftauen lassen, damit er dort weitermachen kann, wo der technische Fortschritt zu diesem Zeitpunkt angekommen ist. Eine kühne Überlegung. Aber bitte, wo bleibt das Menschliche eigentlich?

In der Pressekonferenz, in der 1982 die technische Perfektion von Herstellung und Wiedergabe der neuen Compact Disc bejubelt wurde, fragte ein Journalist den Maestro: »Da ist nun die Technik. Aber wie ist das mit dem ›Aus-dem-Bauch-heraus-musizieren‹? Wie es das mit dem Gefühl, wo bleibt es?«

Karajan antwortete zuerst kühl, dann immer temperamentvoller: »Das Gefühl würde – wenn Sie nur die Schrift haben – nirgends sein. Aber in dem Moment, wo wirkliche Musik gemacht wird – ist das ja immer eine Äußerung von Mensch zu Mensch! Und einen Menschen ohne Gefühle gibt es nicht. Er kann ein sehr verstecktes Gefühl haben oder er kann ein überstarkes haben, aber ich kenne keine gefühllose, wirklich gefühllose Phase in der Musik.«

Und der »Mensch« Karajan? Wie ist der? Ist er ein »Rätsel«, wie er oft bezeichnet wurde? Das Menschliche im Maestro – wo ist das zu finden?

Die Frage scheint nicht so leicht zu beantworten zu sein. Vielleicht aber doch – und womöglich einfacher, als man denkt.

Zuhören – abhören...
Foto: Lauterwasser/Electrola

10. Kapitel

Der Mensch

Da steht er, klein, weißhaarig, schmal, vornübergebeugt. Mit der rechten Hand hält er sich am Geländer fest. Mit der linken, dem Zeigefinger, deutet er auf das vor ihm stehende Minimikrofon, klopft darauf. Ein schüchternes Lächeln huscht über die rosige gespannte Gesichtshaut. Da läßt der brausende Beifall nach dem Bach'schen »Magnificat« des Silvesterkonzerts 1984 in der festlich erleuchteten Berliner Philharmonie nach – verebbt...Mit leiser, fast scheuer Stimme sagt Herbert von Karajan: »Allen unseren lieben Musikfreunden das Beste und Schönste zum Neuen Jahr« – ein kurzes, heiseres Lachen, verlegen beinahe, beendet den Wunsch. In den erneuten Applaus hinein kommt noch: »Happy New Year« und »Une bonne Nouvelle Année«...dann: »Und meiner Frau und meinen zwei Kindern, die zuhören, ein besonders schönes Neues Jahr!«
Millionen sahen ihn so auf dem Bildschirm, die Millionen, die er sich immer für seine Musik gewünscht hatte. War das der Übermensch, der Beherrscher der Medientechnik, der Supermanager, der Diktator seiner Welt, der Respekterzwinger, der Furchtverbreitende (wie ihn Rudolf Bing an der »Met« in New York empfunden hatte)?
Auf dem Bildschirm war einfach ein Mensch zu sehen. Live! Ein Vater, der seine Familie grüßte und »tout le monde«, die ganze Welt. Und der sich selbst eisern zwang, seine offensichtliche, schmerzhafte Gehbehinderung zu überwinden. Allein, ohne irgendeine Hilfe. Das war rührend, bewundernswürdig und achtunggebietend zugleich.
Die Familie: Eliette, seine elegante blonde Frau, 27 Jahre jünger als er – im Jahr zuvor feierten sie die Silberhochzeit – und Isabel, 24 Jahre alt, hochbegabte Schauspielerin (als Luise in Schillers »Kabale und Liebe« am Hamburger Thalia-Theater von der Kritik sehr gelobt – worauf der Papa stolz war), und Arabel, die zwei Tage nach diesem Silvester 21 Jahre alt wurde, die nach Bekunden ihres

Herbert von Karajan mit seiner Frau Eliette und den beiden Töchtern.
(Foto: Steiner, New York)

Vaters zum Gesang neigt und sein absolutes Gehör geerbt hat. Die Familie also, die ihr »Oberhaupt« zwar oft entbehren muß, die Karajan aber in der disziplinierten Einteilung seiner Zeit genauso heiß liebt wie die Musik – und seine zweite »Familie«, das Berliner Philharmonische Orchester (aber von dem ist nun schon so oft die Rede gewesen, daß man es an dieser Stelle ein bißchen zurücktreten lassen kann).

Nur wenige Menschen ließ Karajan an sein Privatleben heran, erlaubte, ihn zu besuchen – sei es in seinem Haus »nach Schweizer Art« in Anif bei Salzburg, sei es in seinem geliebten, an den schützenden Hang geschmiegten Domizil »Helisara« bei St. Moritz, wo Friedrich Nietzsche seine Pamphlete gegen den einstigen Freund Richard Wagner ausbrütete, oder sei es in der Villa »La Palme« in der Bucht von Cannoubiers bei St. Tropez (neben den Besitzungen von Brigitte Bardot und von Opel), wo sein Bootssteg hinaus ins Mittelmeer ragt.

»Helisara« – das ist Karajans Wortschöpfung, zusammengesetzt aus den Anfangsbuchstaben der Vornamen seiner Familie: He = Herbert, Eli = Eliette, Isa = Isabel, Ara = Arabel. So nannte er Haus und Jacht (mittlerweile wird das siebte Boot dieses Namens gebaut, ein superschneller und schnittiger Katamaran mit drei Bootskörpern). »Helisara« – das ist eine Art Manifest, ein Familien-Manifest.

Denn um seine Familie hat sich der Maestro immer sehr gekümmert. Nicht, daß er wie ein Diktator herrschte (»Der letzte Diktator der Welt wird immer der Dirigent vor seinem Orchester sein.«) Als Isabel neun Jahre alt war, brachte der Vater ihr am Strand von »La Palme« das Paddelbootfahren bei. »Was die Ausdauer und den Willen zur Beherrschung der Technik angeht, ist Isabel genau wie ihr Vater«, sagte damals die Kinderschwester Gisela. »Ich habe noch nie einen so ausdauernden Vater erlebt wie Herrn von Karajan. Wäre er nicht Dirigent geworden, könnte er ein sehr guter Pädagoge sein.« Womit Gisela von der Sache her nicht ganz den Kern traf, denn der Dirigent wäre kein guter, wenn er nicht auch ein guter Pädagoge wäre.

Natürlichkeit und Ungezwungenheit ist in dieser Familie gang und gäbe. Und wer Gast sein darf, nimmt daran teil – bis hin zum Nacktbaden im Swimming-Pool der jeweiligen Aufenthalte.

Karajans Tageseinteilung ist unumstößlich seit Jahrzehnten: Um sechs Uhr früh aufstehen, eine Stunde Yoga, Konzentration, Meditation, ein bis auf zehn Kalorien genau kalkuliertes Frühstück, dann ein Spaziergang bei jedem Wetter (wobei ihn Nebel besonders zu faszinieren scheint, denn dann spaziert er länger). »Wenn ich nicht um sechs Uhr aufstehe, komme ich den ganzen Tag zu nichts« – ein Gesetz, das er auch als 79jähriger strikt befolgt. Gegen die Plage der Schmerzen, gegen die Plage der Gehbehinderung. Die Ärzte haben ihm Bewegung geraten – also bewegt er sich. Mit Disziplin.

Und ebenso diszipliniert schläft er. »Schlaf ist eins seiner wichtigsten Hobbys«, wußte Paul Hager zu erzählen. Und Karajan selbst hält – nach deftiger Hausmannskost Salzburger Art, Würsten und G'selchtes in kleinen Maßen – seinen täglichen Mittagsschlaf besonders genau ein: »Dieser Schlaf ist mir noch wichtiger als das Essen«, sagte er 1971 in einem Bericht des »ZEIT-Magazins«. »Die Ärzte meinen, daß ich mich durch diesen regelmäßigen Schlaf so frisch gehalten habe.«

Ein Blick in die Schweizer »Helisara«-Villa: Gleich hinter der Tür eine Welt von holzgeschnitzten Bildwerken, alten Ikonen, Wandteppichen – darunter eine Replik der »Dame mit dem Einhorn«, Geschenk seines Freundes Van der Kemp, dem Konservator von Versailles. Eine balkonartige Bibliothek: in den Regalen die Werke von Goethe, Nietzsche, Balzac, James Joyce, Bertrand Russell und – wie hier auch in Anif und St. Tropez – die »Kulturgeschichte der Neuzeit« von Egon Friedell. Daraus zitierte Karajan, von Friedrich W. Müller auf seinen Bruch mit Wien 1964 angesprochen: »›Ein Krieg zwischen zwei Völkern kann ja nicht zustande kommen, wenn nicht beide bereit sind, ihn anzufangen‹ – und wissen Sie, es war irgendwie zum Ende bekommen…«

Romane las Karajan kaum. Die Begründung: Sein eigenes Leben sei ihm Roman genug. Ein wenig kokett vielleicht, aber tatsächlich: Ausgefüllt war sein Leben jedenfalls bis zum Rande.

Koketterie, Eitelkeit – Herbert von Karajan ist nicht frei davon. Da ist seine ausgesuchte, auf seinen speziellen Geschmack zugeschnittene Kleidung, sind seine Pullover, die er oft keß und lässig um den Hals geschlungen trägt. Da ist seine Frisur, die hochgebürstete – »eine ständige Last«, seufzte er einmal zu dem Journalisten Walter Haas, der sich im Hamburger Hotel »Vier Jahreszeiten« die Haare schneiden ließ, während der Maestro noch warten mußte. Und leutselig fuhr er fort: »Zweimal wöchentlich muß ich mir die Haare per Messerschnitt fassonieren lassen, egal, wo ich gerade

Karajan demonstriert: »Da hat man mich operiert, und ich mußte eine
solche Halsmanschette tragen!« Tochter Arabel stellt sich als Demonstra-
tionsobjekt für Frau Eliette und Journalisten auf dem Flughafen Hannover
zur Verfügung.   (Foto: Kuhnigk)

bin. Von Haus aus sind meine Haare weich. Ich muß die an den
Seiten anbürsten und oben hochfönen lassen. Da wird so ein
feuchtes Haarnetz drübergepappt, und dann kommen diese Sträh-
nen hier bei trockener Hitze in die Höh' und werden mit ein bisserl
Spray fixiert…«
Friseurgespräche unter Herren? Der Maestro ist auch nur ein
Mensch. Das geht aus solchen Kleinigkeiten hervor.
»Weißt du«, plauderte Frau Eliette zum Freund des Hauses, dem
Marquis José Luis de Vilallonga, »es gefällt mir, daß Karajan auch
vor sich selber Karajan ist. Es gefällt mir, daß er sich in London
einkleidet, überall sonst wird man nur bedeckt. Es gefällt mir, daß

er Rollkragenpullover trägt, das betont die Strenge seines Gesichts und seinen eisigen Blick. Es gefällt mir, daß er sich beobachtet, daß er sich mit so unendlicher Sorgfalt pflegt. Würde er es nicht tun, so könnte er nie diese Anziehungskraft auf mich ausüben.«

Seine Anziehungskraft auf Frauen, die war im Publikum immer ungebrochen. Wie äußerte er sich selbst über Frauen? Zum Beispiel über Frauen im Orchester? Hochinteressant, was er da 1980 (!) in »Disk« auf die Frage danach sagte. »Schauen Sie, das ist ganz einfach. Wenn die Frau besser ist als der Mann, kommt sie rein. Bis jetzt haben wir noch keine gefunden. Ich bin sicher nicht frauenfeindlich eingestellt, auch der größte Teil des Orchesters nicht, aber warum soll ich mich in einen Trend hineinreden lassen, an den ich nicht glaube? Ich kenne aus meiner Praxis schon ein paar Frauen, die ich sofort hereinnehmen würde. Die sind ja in anderen Orchestern…Und dann sind da ein paar praktische Erwägungen: Das Orchester reist sehr viel, dann wird es schwierig. In einem anderen Orchester – ich sage nicht, wo – da gab es eine wunderschöne Person. Da hat es Mord und Totschlag gegeben, weil sie immer zehn Leute hinter sich her gehabt hatte, mit Tätlichkeiten und allem möglichen. Das war furchtbar! Sie war Harfenistin und hatte langes blondes Haar und hat ihren Kopf so sinnend an die Saiten gelegt und dem nachgehört, was sie gespielt hat. Da war sie unwiderstehlich. Es ging nicht sehr gut deswegen. Nein, nein, aber bitte, sonst…Das ist ganz bestimmt keine prinzipielle Sache. Wir haben bis jetzt niemanden gefunden. Jetzt hat man uns eine Klarinettistin empfohlen. Vielleicht ist die gut?«

Das war 1980. Und die Klarinettistin hieß Sabine Meyer. Karajan wollte sie, das Orchester nicht. Es gab 1982/83 den großen Krach zwischen dem Maestro und den Philharmonikern, von dem die Rede war. Aber was dabei fast untergegangen ist: 1982 wurde die 26jährige Schweizer Geigerin Madeleine Carruzzo zu einem Probejahr vom Berliner Philharmonischen Orchester zugelassen. 1983 stimmte dann das ganze Orchester einem Festvertrag mit ihr als 1. Geigerin zu. Und seitdem gehört sie dem Orchester an. Dabei muß allerdings berücksichtigt werden: Es besteht ein Unterschied darin, ob eines der insgesamt 22 Pulte der Ersten Geige zu besetzen ist oder die Position einer Soloklarinette bei nur vier Pulten dieser Instrumentengruppe. Immerhin: Madeleine Carruzzo ist Berliner Philharmonikerin – die erste in der über hundertjährigen Geschichte des Orchesters.

Im übrigen verhielt sich Herbert von Karajan mit Äußerungen über Frauen meist zurückhaltend, manchmal aber auch zärtlich. Dem Marquis de Vilallonga antwortete er mit einem längeren Monolog, als dieser ihn fragte, was einen Mann wie Karajan mit 50 Jahren auf dem Höhepunkt seiner Karriere noch dazu brächte, eine über die Hälfte seines eigenen Alters jüngere Frau zu heiraten: »Ja, eine Künstlerkarriere muß man lange und mühsam aufbauen. Es dauert das halbe Leben. Schöpferische Arbeit ist exklusiv, schärft die Sinne, verfälscht die Wahrnehmung der realen Werte, nährt sich aus der Ichbezogenheit, schwelgt im Hochmut, fordert Menschenopfer. Wie viele ›Leichen‹ bleiben in der Spur eines Mannes zurück, der unerbittlich vorwärtsstürmt auf der Jagd nach einem Ideal, das nur er allein kennt…Verlassene Familien, verlorene Freunde, flüchtige Leidenschaften. Wir müssen eine maßlose Phantasie besitzen, aber auch den Mut, immer Scheuklappen zu tragen…Die Wonnen des Lebens sind ein Risiko, das wir nicht vor dem vierzigsten Lebensjahr eingehen dürfen…Wer sehr spät eine sehr junge Frau heiratet, glaubt in gewissem Sinn an den Liebestrank unserer Ahnen.« (1972, »Welt am Sonntag«).

Erstaunliche Sätze, menschliche Worte, selbstkritische Feststellungen. Bemerkenswert übrigens: Wenn Karajan ins ganz Persönliche gerät, benutzt er das »wir«. Oder auch das »man«. Er zieht es dem »ich« vor. Versteckt er sich dabei in seiner Scheu? Denn menschenscheu – das ist er ganz sicher. Keineswegs der partysüchtige Jet-Setter, als der er oft in Schilderungen aufscheint, die seinen Hobbys wie Segeln, Autofahren, Fliegen oder seinen Kleidungsstücken gewidmet sind.

Wer scheu ist, streift sich gern ein Tarnnetz über, das seine wahre Gestalt so verändert, wie er wünscht. Das Tarnnetz kommt in Wagners »Der Ring des Nibelungen« vor. Der Zwerg Mime hat es geknüpft. Als Karajan »seinen ›Ring‹« für die Osterfestspiele vorbereitete (1966), bekannte er in einem Interview: »Was Wagner in seinen Dramen sagt, ist von tiefer Wahrheit und spiegelt etwas vom gelebten Leben jedes Menschen. In den vergangenen zehn Jahren habe ich intensiv erlebt, was Macht, der Wille zur Macht und Gefühlsregungen wie Haß und Liebe vermögen. Ich habe viele der Personen in diesen Dramen eigentlich in irgendeiner Weise selbst erlebt und gespielt. Und ich möchte diese Erfahrungen jetzt einmal umsetzen und zeigen, daß das Wort und sein Symbolgehalt das weitaus Wichtigste in Wagners Werken ist.«

Selbst erlebt und gespielt hat er – er bestätigte es ohne jede Heuchelei. Da ist er: der Wotan mit seinen Verträgen, durch die er Knecht wurde; der listige Loge; der verratene Siegfried. Das Tarnnetz…Mag sein, daß solche Bilder etwas romantisch erscheinen – einen Schimmer der Wahrheit lassen sie dennoch aufleuchten wie bunte Glasstücke in einem Kaleidoskop.

Ein Kaleidoskop nannte er Ende 1984 in ein paar einführenden Sätzen die »Metamorphosen« von Richard Strauss. »Verwandlungen« übersetzte er den Titel. Verwandlungen einer gegebenen Grundsubstanz – das Gleichnis paßt auf ihn. Wie die Fuge…

Auch auf seine Vielfalt, seine mannigfachen Interessen. Der berühmte amerikanische Psychiater Karl August Menninger (geb. 1893) – genannt »Papst der amerikanischen Psychiatrie« – besuchte Karajan einmal kurz bei einer Probe zu den Salzburger Festspielen. Und er berichtete über das zeitknappe Gespräch mit dem Maestro: »Er sprang von der technischen Entwicklung unseres Zeitalters zu der Genialität der Bachschen Fuge, die in ihrer Entstehung bereits die Perfektion ihrer Weiterentwicklung enthalte, von der Perfektion seiner eigenen Konzentration, dem Yoga, zum anorganischen Rhythmus des Beginns der 7. Symphonie von Beethoven, die, wie Karajan mit Fingerklopfen demonstrierte, menschliches Hinken musikalisch nachahmt und deshalb in schlechter Interpretation völlig entfremdet werde, zur Perfektion seines neuesten Sportwagens.«

Er verzeiht in der Probe oder im Konzert einen falschen Ton, Fehler im Rhythmus verzeiht er nicht. Deshalb mußten seine Töchter so oft die Klavierlehrer oder -lehrerinnen wechseln, denn jedesmal, wenn er sich, heimkehrend, ihre Musikstücke anhörte, ärgerten ihn Schlampereien im Rhythmus.

»Die Beatles und ihren Rhythmus habe ich schon gekannt, da sprach noch keiner von ihnen«, erzählte er einmal. Und den Wiener Philharmonikern erklärte er vor vielen Jahren nach einer Probe: »Sie, meine Herren, gehen jetzt in die Oper. Ich gehe heute Abend zum Louis Armstrong in den Stadtsaal!« Und als die Musiker ihn höchst erstaunt fragten: »Was finden Sie denn da dran?«, antwortete er lächelnd: »Das werde ich Ihnen genau sagen. Da komme ich hin, da ziehe ich mich aus, da gehe ich in die Garderobe, da gebe ich meinem Mantel ab, dann setze ich mich hin, und dann kommt er heraus, und dann weiß ich, daß zwei Stunden der Rhythmus weder schneller noch langsamer wird – ein Genuß!«

Bescheiden sein, zuhören, lernen, immer wieder lernen – das ist eine weitere Facette des Kaleidoskops Karajan. Oft hat er Konzerte Furtwänglers besucht, im Dunkel einer Loge. Oft hat er bekannt, wieviel er vom großen italienischen Dirigenten Victor de Sabata (1892–1967) gelernt habe, oder daß er zum Beispiel den deutschen Generalmusikdirektor Franz Konwitschny (1901–1962) sehr schätzte, weil er auch von ihm manches annehmen konnte.

»Die Freiheit des Tempos bei Furtwängler und die Präzision von Toscanini – das ist die Idee, an die ich mich immer gehalten habe«, betonte der »Schüler« Karajan stets.

Aber es gab auch den anderen Karajan, den, von dem Rudolf Bing schrieb, es »lag immer ein Schatten über dem Haus, wenn Karajan da war, weil der Respekt stets mit Furcht gemischt war«.

Diese »Angst« der anderen hat Karajan zu gewissen Zeiten recht genossen. Paul Hager erinnerte sich: »Er konnte richtig Terror machen an der Wiener Staatsoper. Da kam er mit seinem Auto ganz leise auf die Hinterbühne gefahren, tauchte unvermittelt in den Büros auf und fragte seinen Generalsekretär schneidend ironisch: ›Na, haben Sie wieder alles durcheinandergebracht?‹« Sein Ko-Direktor Walter Erich Schäfer schrieb in seinen Memoiren: »Jedes der vielen – manchmal dachte man: zu vielen – Büros war von seinem Willen durchpulst oder hatte wenigstens Angst vor ihm...«

Und der Schriftsteller Martin Mayer stellte fest: »Obwohl er nur 1,68 m groß ist, beherrscht er jede Gruppe, in der er sich aufhält, und ob er nun redet oder Musik macht, bei jedem Schritt umgibt ihn ein Feld dramatischer Spannung.«

Die Macht, der Wille zur Macht, das Ausspielen der Macht – oder das »Kind«, das immer wieder ausprobiert, wie weit es gehen kann...

Dr. Wolfgang Stresemann, der langjährige Intendant des Berliner Philharmonischen Orchesters, prägte den Satz, der schon fast zum geflügelten Wort geworden ist: »Karajan ist wie das Wetter. Beide ein dauerndes Gesprächsthema, ohne daß man an ihnen etwas zu ändern vermag.« In seinen schon zitierten Memoiren »...und abends in die Philharmonie« sind im übrigen seitenweise »Facetten« der Persönlichkeit Karajans zu finden, von der Streitsucht, dem Rechthabenmüssen, der Schwierigkeit einzulenken, bis zur schon erwähnten Nibelungentreue und dem herzlichen Verhältnis zu Kindern und jungen Begabten.

Die Wiener Graphologin Claire Knoll gab am 31. Juli 1968 das Gutachten über die Schrift eines Mannes ab, dessen Identität sie nicht kannte. Sie charakterisierte: »Ein ungemein begabter Individualist, dessen Planungen, Erwartungen und aufgebauschte Empfindungen faszinieren, weil er sein Vorstellungsleben heroisiert, im Überschwang empfindet und urteilt, trotz Kritiksucht und beachtenswerter Individualität irgendwie ein Außenseiter bleibt, der bei zu hoher Selbsteinschätzung auch die Umwelt überfordert. Er macht und lebt seinen eigenen Himmel.«

Sie wußte nicht, daß sie die Schrift Herbert von Karajans vor sich gehabt hatte.

Hinauf in den Himmel steigen, sei es real mit dem Flugzeug, sei es ideal mit der Musik, sei es in seiner Vorstellungswelt – da gibt es ganz deutliche Indizien. In der ersten Etage des Großen Festspielhauses in Salzburg hängt eine große Farbfotografie. Sie zeigt, wie über der öden und wüsten Mondoberfläche die blaue Erde am schwarzen Horizont aufgeht. Darunter ist geschrieben: »Für Herbert von Karajan – mit den aufrichtigsten und besten Wünschen. Neil Armstrong.«

Einen Weltraumspaziergang würde er sofort machen, hat Karajan mehr als einmal gesagt. In seinem Meditations- und Arbeitsraum des Hauses »Helisara« in St. Moritz steht neben dem Modell eines zweistrahligen Düsenflugzeugs eine glänzende, durchsichtige Kugel von einem dreiviertel Meter Durchmesser: eine kosmische Sphäre. Die Planeten kreisen darin in ihren wechselnden Bahnen – angetrieben von einem winzigen Motor, der zart summt. Wenn er schon nicht selbst in den Kosmos hinauskann, holt Karajan ihn sich wenigstens in sein Zimmer und beobachtet fasziniert den Lauf…Und über seiner Badewanne baumelt unser blauer Planet an einem dünnen Faden wie ein Wasserball.

Was er zu seinem 70. Geburtstag vorhabe, wurde Karajan gefragt, und die Meldung über seine Antwort umkreiste sogleich den Erdball: Der Maestro will auf das »Dach der Welt«, auf den Himalaya! Worauf der Münchner Bergsteiger Karl Herrligkoffer am 9. Januar 1978 der staunenden Öffentlichkeit bekanntgab, daß Karajan im August die deutsch-französische Mount-Everest-Expedition nach Nepal begleiten würde, um »im Jahre seines 70. Geburtstages mit Freunden einen am Weg gelegenen Himalaya-Gipfel zu besteigen«. Und die Schirmherrschaft der Expedition habe er, Herrligkoffer, Herrn von Karajan übertragen.

Die Münchner »Abendzeitung« brachte denn auch eine Karikatur ihres Zeichners Dieter Klama: »Die himmlische Krönung des Herbert von Karajan bei der Besteigung des Mount Everest« – der Maestro im Frack, mit Taktstock meditierend, stehend, versunken in Trance auf dem Gipfel.

Karajan hatte sich einen Jux gemacht – und alle, alle waren prompt darauf hereingefallen, als er tatsächlich in einem Interview sinnierte: »Man sagt, daß es am Himalaya schön ist, daß man in dieser Höhe anders hört, daß die Blumen anders blühen…Es kann sein, daß ich von dort nicht wiederkomme.«

Günter Grass hat Karajan als »ein perfektes Kind« bezeichnet. Und auf die Frage an seinem 75. Geburtstag, die Friedrich W. Müller im ZDF an ihn stellte: »Wie werden Sie mit dem Alter fertig?«, antwortete Karajan: »Manchmal weiß ich gar nicht, wie alt ich bin, manchmal habe ich das Gefühl – und das passiert mir sehr oft –, daß ich eigentlich vor lauter Erwachsenen steh'. Ich hab' durch meine ganze Zeit immer das Gefühl gehabt, ich bin ein zurückgebliebenes Kind. Das ist durch viele Dinge beeinflußt worden – daß man eben mich als den Zweitgeborenen immer dem Bruder vorgestellt hat, nämlich: der ist groß und stark und du bist klein und schwach, und das hat mich natürlich wahnsinnig gemacht. Aber das ist mir in der Weise geblieben, daß ich noch manchmal mich selbst eben eigentlich als Kind sehe! Und dann plötzlich im Licht…plötzlich machen mir dann alle Platz, und jeder will, daß ich zuerst zur Tür hinausgehe. Und dann kriege ich das wie einen Schlag ins Gesicht. Und ich muß ganz ehrlich sagen, das ist mir unangenehm.« Im gleichen Atemzug setzte Karajan höchst souverän und durchaus nicht »Kind« fort: »Nur – ich habe alles mögliche getan, um trotz des Alters soweit wie möglich fit zu bleiben und das Maximum herauszubekommen!«

Im selben Jahr 1983 bemerkte Felix Schmidt im »Stern« zu dem Geburtstagskind: »Sie haben in letzter Zeit auffallend viel Todesmusik in Ihrem Programm. Die Kindertotenlieder und die Neunte Symphonie von Mahler, das Requiem von Mozart…« Darauf Karajan nachdenklich zögernd: »… unbewußt…Aber jetzt, wo Sie es sagen…Sie haben recht. Mahlers Neunte Symphonie ist ein herrliches Werk und grauenhaft zu dirigieren.« Schmidt: »Was ist daran grauenhaft?« Karajan: »Der Schauder des Todes. Es zerreißt einen fast. Vergessen Sie nicht: Mahler hat das Werk geschrieben, als er wußte, daß er nur noch ein Jahr zu leben hatte.«

Karajan auf dem Himalaja
Zeichnung: Dieter Klama, Abendzeitung München

Am Sonnabend, dem 13. Oktober 1984, war Karajan nach einem
Streit mit seinen Berliner Philharmonikern, der fast zum endgültigen Bruch geführt hätte, in die Luft gegangen – auf eine gemeinsame Tournee nach Japan und Korea. In Harmonie? Da stand das
Fragezeichen.
Am Mittwoch, dem 31. Oktober 1984, landeten sie wieder in
Berlin. In Harmonie! Da stand das Ausrufungszeichen. Die Kon-
zertreise hatte sie wieder zusammengeführt – die aufmüpfigen
Musiker und ihren Meister auf Lebenszeit. Sie hatten Triumphe
in Osaka, Tokio und Seoul gefeiert – Musik für Millionen gemacht. Das bindet.

Noch mehr gibt es, das bindet: »Ich könnte mit den Berliner Philharmonikern 47 Programme ohne jede Probe spielen«, sagte Herbert von Karajan, als er in Hamburg die »Alpensymphonie« auf der ersten serienmäßig gefertigten Compact Disc (CD) bekam. »Und zwar eins nach dem anderen«, fuhr er fort, »weil – natürlich – es sind 27 Jahre Arbeit, vergessen Sie das nicht, die hunderte Male, wo man alle die Dinge ja nicht einmal gesagt hat, sondern 36000 mal dieselben Sachen...« Schmunzelnd knüpfte er an: »Einmal, da ist mir die Geduld gerissen und ich hab' gesagt: ›Wenn ich könnte, wie ich wollte, würde ich Sie am liebsten mit einem großen Strick zusammenbinden und dann hundert Liter Benzin auf Sie schütten und dann ein Streichholz!‹...und da, diese Sprachlosigkeit auf diesen Schock von mir, da hinein sagte einer: ›Aber dann haben Sie uns ja nicht mehr!!!‹ Worauf ich dann sagte: ›Ja, da haben Sie recht!‹«

Umgekehrt: Grimmig äußerte sich Karajan vor ein paar Jahren, indem er von den Berliner Philharmonikern behauptete: »Die warten ja nur auf meinen Tod.« Da hätten die Herren wohl am liebsten ihn anzünden wollen, vielleicht hätte er darauf gesagt: »Aber dann haben Sie mich ja nicht mehr...«, und sie hätten eingesehen: »Da haben Sie recht!«

Sie haben es eingesehen!

»Die Frucht der Arbeit mit diesem Orchester – ich habe kein anderes Orchester an der Hand – ist, daß wir nie ans Ende gekommen sind, auch nie ans Ende kommen können«, sagte Herbert von Karajan in einem Gespräch mit Klaus Geitel im Fernsehen (ARD), »man müßte ...«, und er unterbrach seinen Satz: »Ich glaube ja auch daran, daß wir mehrere Leben haben.« Mit einem triumphierenden Lachen: »Ich kann Ihnen sagen, ich komm' ganz sicher zurück. Ich find' das Wort von Goethe so schön, der sagt: ›Wenn mir mein Inneres so viel zu geben hat und mein Körper verweigert mir den Dienst, dann hat die Natur die Pflicht, mir einen anderen Körper herzustellen!‹ Da bin ich wirklich voll seiner Meinung.« Und in einem anderen Interview: »Jetzt muß ich wahrscheinlich auf eine zweite Existenz warten – an die ich fest glaube!!«

Er wird sie brauchen. Denn als er am 12. Juni 1982 beim Start der Digital-Technik auf Compact Disc in Hamburg vom Autor dieses Buches gefragt wurde, was er denn nun neu aufnehmen werde, antwortete er ohne zu zögern mit einem Aufblitzen seiner eisblauen Augen: »Alles!«

Die Tragödie

Am 26. April 1985 erschien in der amerikanischen, deutschsprachigen Zeitschrift »Aufbau« in New York diese Kritik über die Osterfestspiele Salzburg 1985 und über »Carmen«, Karajans wohl letzte eigene Opernregie seines Lebens:

Das Potpourri vom Tonband beim Mittagessen in den Salzburger »Domstuben«, einem heimeligen Eßlokal in der Goldgasse, stimmt: »Carmen«-Melodien im Ziehharmonika-Arrangement abwechselnd mit Strauß-Walzern.

Die Osterfestspiele Salzburg von Herbert von Karajan, einst Manifestation eines Genies, sind jetzt selbst zum Potpourri geworden – oder soll man sagen: zu einer spanischen »Olla podrida«?

Jedenfalls: »Die Zauberflöte« Mozarts mit dem einzigartigen, humorvoll-umwerfenden Auftritt der gezähmten Tiere (Pelikan, Pinguine, Giraffe, Löwe, etc.) im berühmten Salzburger Marionettentheater gehört zu meinem unauslöschlichen Eindruck der Osterfestspiele Salzburg 1985, obgleich sie gar nicht »dazugehörte«!

Premiere im Großen Festspielhaus hatte »Carmen«, Bizets an die menschliche Urgründe im klassisch-griechischen Sinn rührende Tragödie. Dirigiert von Herbert von Karajan. Inszeniert von Herbert von Karajan. Auch dies eine Tragödie: Der Held kann aus seinem Schicksal nicht heraus – und er hat es selbst verschuldet. In monumental-realistischen Bühnenbildern (Günther Schneider-Siemssen) läßt Karajan Protagonisten und Chor vorwiegend schön aufgeteilt stehen, sei es auf dem meist leeren Platz vor der Tabakfabrik, sei es im Nightclub-Gewölbe von Lillas Pastia oder unter einer riesigen Brücke (merkwürdigerweise am Meeresstrand) oder vor dem Arenator.

Wenn es »dramatisch« werden muß, setzt Karajan Doubles ein: eine Gruppe Judokämpfer aus einem Salzburger Judoklub, zwei Cascadeure, die im dritten Akt plötzlich den »Kampf« José–Escamillo mit blitzenden Messern mimen (man wundert sich, wie agil der behäbige Torrero José van Dam und der sonst so verhemmte

Don José, den José Carreras singt, aufeinander losgehen – bis man drauf kommt, daß Karajan hier die Zuschauer an der Nase herumführt). Bei Lillas Pastia tritt außerdem eine echt spanische Ballett-Truppe auf, die völlig unmotiviert Folklore nach eigener Gitarrenmusik stampft – man fühlt sich wie auf einer Veranstaltung des spanischen Fremdenverkehrsverbandes.

Die Liste der Absurditäten ließe sich noch weiter fortsetzen. Es mag sein Bewenden haben. Kurz: Diese »Carmen«-Inszenierung dürfte sich kein Provinztheater leisten. Hier findet Monumental-Provinz statt.

Die Berliner Philharmoniker musizierten unter Leitung ihres Chefs wie gewohnt. Karajan führte im Vorspiel und bei den Zwischenakten vor, daß ihr Klang unübertrefflich sei. Im Laufe der Handlung jedoch gab's schleppende Chöre und kleine Unstimmigkeiten. Die vielgerühmte Agnes Baltsa als Carmen erwies sich als spröd-herbe, wenig sinnliche Natter. Janet Perry als Micaela blieb ein blasses Dirndl im blauen »Dirndl«, José van Dam als Escamillo gab einen edlen Liederabend in der spanischen Kneipe. Einzig José Carreras als Don José zeichnete seine Partie packend vom verklemmten Naivling bis zum verzweifelten Verschmähten durch – stimmlich war er in Hochform.

Das Publikum – die Musikfreunde-Familie Herbert von Karajans, die bis zu 7000 Schilling pro Abonnement hinblättert – nahm diese »Carmen« mit freundlicher Reserve hin.

Ganz anders die Karajan-Konzerte! Da konnte man sich von dem »Heldenleben« von Strauss hinreißen lassen. Karajan – mühsam schiebt er sich zum Dirigentenpodium, steht aber dann dort gestrafft, elektrisierend – breitete eine Dynamik von kaum je gehörter Breite aus, selbst im stärksten Fortissimo blieb der Orchesterklang durchsichtig, die zarten Pianissimi verschlugen fast den Atem. Debussys »La mer« leuchtete in klaren Mittelmeerfarben, »Prélude à l'apres-midi d'un faune« schimmerte seidig warm und Ravels »Bolero« schließlich heizte die Stimmung so beängstigend an, daß sich die Begeisterung in einem Schrei entlud.

Zum ersten Mal ließ Karajan bei seinen Privat-Festspielen einen anderen Dirigenten ans Pult: Klaus Tennstedt. Er sollte Haydns »Jahreszeiten« aufführen (anstelle der ursprünglich vorgesehenen h-Moll-Messe von Bach, die Karajan selbst leiten wollte). Kurzfristig wurde nach der ersten Probe das Programm geändert – angeblich war der Tenor Gösta Winbergh erkrankt, und es gab keinen

Ersatz. Tennstedt brachte Mozarts »Haffner«-Symphonie und Bruckners Vierte dafür. Man glaubte nicht, daß dieselben Berliner Philharmoniker spielten!

»Wenn es Karajan einmal nicht mehr gibt«, sagte 1984 der 80jährige Intendant der Berliner Philharmoniker, Dr. Wolfgang Stresemann, »wird die Welt ärmer sein – und nicht nur die Musikwelt!« Damit hat er gewiß recht. Und es wird auch keine Osterfestspiele Salzburg mehr geben. Die Musikfreunde-Familie, die sich seit 1967 jedes Jahr traf – meist auf stets denselben Plätzen –, wird auseinanderfallen. Karajan hieß ihr Familienoberhaupt. Ihm gehorchte sie. Auf Stiefväter sie nicht hören wollen. Der Anfang vom Ende ist gemacht. Eine Tragödie? Eine Tragödie!

Hansjakob Kröber

Herbert von Karajan

Daten seines Lebens

1908 5. *April*, geboren in Salzburg

1912 Erster Klavierunterricht bei Franz Ledwinka in Salzburg

1913 Herbert von Karajan spielt zum ersten Mal öffentlich bei einer Wohltätigkeitsveranstaltung

1916–1926 Besuch des Konservatoriums Mozarteum in Salzburg. Lehrer: Franz Ledwinka, Franz Sauer, Bernhard Paumgartner

1917 Öffentlicher Auftritt als Pianist, Mozart-Feier des Mozarteums

1926 Matura am Humanistischen Gymnasium, Salzburg

1926/27 Eineinhalb Semester Studium, Technische Hochschule, Wien

1926–1929 Studium an der Wiener Hochschule für Musik. Hauptfach Klavier, dann Absolvierung der Dirigentenklasse

1928 17. *Dezember*: erstes öffentliches Dirigieren in Wien im Abschlußkonzert der Dirigentenklasse Alexander Wunderer

1929 22. *Januar*: erstes eigenes Konzert als Dirigent des Mozarteum-Orchesters Salzburg

Februar: probt in Ulm »Die Hochzeit des Figaro«

2. *März*: dirigiert Premiere »Die Hochzeit des Figaro« in Ulm – seine erste Operneinstudierung, sein erstes Operndirigat.

1929–1934 *Engagement* als koordinierter Erster Kapellmeister *in Ulm*

1930 19. *April*: dirigiert mit nur einer Durchleseprobe und einer Hauptprobe in Salzburg »Salome«

1930–1934 In den Sommermonaten Assistent und Leiter der Dirigenten-Sommerkurse an der Internationalen Stiftung Mozarteum. Gastdirigent der Wiener Symphoniker

1933 Erstes Mitwirken bei den Salzburger Festspielen als Dirigent der Walpurgisnacht-Musik in der »Faust«-Inszenierung von Max Reinhardt. Musik: Bernhard Paumgartner

1934 31. *März*: letzte Vorstellung in Ulm, »Die Hochzeit des Figaro«

21.August: dirigiert erstmals die Wiener Philharmoniker in Salzburg, Privatkonzert einer reichen Amerikanerin

1934–1942 *ab September*: Engagement an die Aachener Oper, verantwortlich für Oper und Symphoniekonzerte

1935 Ernennung zum Generalmusikdirektor. Konzertgastspiele im Ausland (u.a. Brüssel, Stockholm, Amsterdam)

1937 *1. Juni*: dirigiert erstmals an der Wiener Staatsoper (»Tristan und Isolde«)

1938 *8. April*: dirigiert erstmals das Berliner Philharmonische Orchester

26.Juli: Hochzeit mit Elmy Holgerloef

27. Oktober: aufsehenerregendes Dirigat von »Tristan und Isolde« an der Staatsoper Berlin. Die Kritik am nächsten Tag: »Das Wunder Karajan«

1939 zusätzlich zum Aachener Engagement Berufung zum Staatskapellmeister an die Berliner Staatsoper. Leitung der Symphoniekonzerte der Preußischen Staatskapelle

1941 Scheidung von seiner Frau Elmy

1942 *15. Juli*: Ende des Engagements am Stadttheater Aachen

22. Oktober: Hochzeit mit Anita geb. Gütermann in Berlin

1945 Kriegsende in Italien (Mailand, Como, Triest)

1946 *18. Januar*: erstes Nachkriegskonzert mit den Wiener Philharmonikern in Wien

2. März: Die russische Besatzungsmacht verbietet Karajan zu dirigieren

Walter Legge, künstlerischer Direktor der Columbia-Schallplattengesellschaft, nimmt mit Karajan für Schallplattenaufnahmen Kontakt auf.

Anonyme Mitwirkung bei den Salzburger Festspielen

1947 Die Gesellschaft der Musikfreunde Wien wählt ihn zum künstlerischen Direktor auf Lebenszeit

Ende August: erstmalige Mitwirkung bei den Internationalen Musikfestwochen Luzern und Leitung der Dirigentenkurse in Luzern

1948/49 Mitwirkung bei den Salzburger Festspielen

ab 1948 Intensive Zusammenarbeit mit den Wiener Symphonikern und mit dem Philharmonia Orchestra London.

Dirigent an der Mailänder Scala

Zahlreiche Gastspiele in Europa und Übersee

1951/52 Mitwirkung bei den Wagner-Festspielen in Bayreuth

1953 *28. September*: erstes Nachkriegskonzert mit dem Berliner Philharmonischen Orchester

1955 *25. Februar bis 2. April*: USA-Tournee mit dem Berliner Philharmonischen Orchester

24.–26. April: Vertragsunterzeichnung als Chef des Berliner Philharmonischen Orchesters auf Lebenszeit als Nachfolger des am 30. November 1954 verstorbenen Wilhelm Furtwängler

1956–1964 Künstlerischer Leiter der Wiener Staatsoper, Zusammenarbeit mit der Mailänder Scala

1956–1960 Künstlerischer Leiter der Salzburger Festspiele

1958 Scheidung von Frau Anita

6. Oktober: Hochzeit mit Eliette geb. Mouret in Mégève (Frankreich)

1960 *25. Juni*: Geburt der ersten Tochter: Isabel. Die Patenschaft übernehmen die Wiener Philharmoniker

1963–1968 Exklusivvertrag mit der Deutschen Grammophon Gesellschaft

1964 *2. Januar*: Geburt der zweiten Tochter: Arabel. Die Patenschaft übernimmt das Berliner Philharmonische Orchester

8. Mai: Rücktritt von der Leitung der Wiener Staatsoper

5. August: Bernhard Paumgartner schlägt Karajan für die Berufung in das Direktorium der Salzburger Festspiele vor

seit 1965 Produktion von Konzert- und Opernverfilmungen, bei denen Karajan als Regisseur und Dirigent tätig ist. Zusammenarbeit mit dem französischen Filmregisseur Henri-Georges Clouzot

1967 *19. März*: Eröffnung der Osterfestspiele Salzburg mit »Die Walküre«. (Gründung und künstlerische Gesamtleitung: Karajan)

1968 *4. März*: Verleihung des Ringes des Landes Salzburg

4. April: Ehrenbürger der Stadt Salzburg

14. August: Ehrensenator der Alma paridiana Salzburg Gründung der »Herbert-von-Karajan-Stiftung« in Berlin (Förderung der wissenschaftlichen Tätigkeit zur Verbreitung eines bewußten musikalischen Empfindens)

1969 Gründung eines »Forschungsinstituts der Herbert-von-Karajan-Stiftung für experimentelle Musik-Psychologie am Psychologischen Institut der Universität Salzburg«. Symposium des Instituts jeweils im Anschluß an die Osterfestspiele

1970 *September*: neue Exklusivverträge mit der Deutschen Grammophon Gesellschaft Hamburg und EMI, London

1973 *Pfingsten*: Beginn der Pfingstkonzerte Salzburg. Gründung und Gesamtleitung: Herbert von Karajan

23. *November*: Ehrenbürger der Stadt Berlin

1975 20. *April*: neuer langjähriger Vertrag mit der Polydor International

1978 12 *Mai*: Verleihung des Doctor of Music h.c. der Universität Oxford

1979 13. *Oktober*: Verleihung des Doctor philosophiae h.c. der Waseda-Universität Tokio

Oktober: erstes Gastspiel der Berliner Philharmoniker unter Karajan in China

1980 *Januar*: erste Digital-Aufnahme in Berlin, »Die Zauberflöte«

August: Clemens-Krauss-Medaille in Gold der Konzertvereinigung Wiener Staatsopernchor

7. *Dezember*: Festkonzert anläßlich des 25jährigen Jubiläums als Chefdirigent des Berliner Philharmonischen Orchesters

1981 15. *April*: Präsentation des »Compact Disc Digital Audio Systems« bei den Salzburger Osterfestspielen (Polygram, Philips, Sony)

1982 1. *Mai*: Hundertjähriges Jubiläum des Berliner Philharmonischen Orchesters

26. *Juni*: Überreichung der ersten serienmäßig gefertigten Compact Disc (Richard Strauss: »Eine Alpensinfonie«) durch die Deutsche Grammophon in Hamburg

1983 *Januar*: Ernste Differenzen zwischen dem Berliner Philharmonischen Orchester und seinem Chef wegen der Einstellung der Soloklarinettistin Sabine Meyer. Intendant Dr. Peter Girth setzt mit Billigung Karajans ein Probejahr für Sabine Meyer durch.

März: Die Gründung von »Telemondial«, Gesellschaft zur Herstellung von Filmen mit klassischer Musik für alle audio-visuellen Medien, Sitz in Monte Carlo, wird bekanntgegeben. Künstlerischer Leiter: Herbert von Karajan. Direktor: Dr. Uli Märkle (bis dahin Leiter Artist Promotion bei Deutsche Grammophon)

1. *Oktober*: Herbert von Karajan erhält zusammen mit dem Pianisten Claudio Arrau den Internationalen Musikpreis '83 der UNESCO

1984 Goldmedaille der Royal Philharmonic Society, höchste britische Auszeichnung auf dem Gebiet der Musik

Juli/August: Die schweren Auseinandersetzungen zwischen den Berliner Philharmonikern und Herbert von Karajan erreichen im

Sommer ihren Höhepunkt. Sabine Meyer tritt aus eigenem Entschluß von einem Probespiel zur Festanstellung zurück. Intendant Dr. Peter Girth wird vom Berliner Senat von seinem Posten suspendiert. Sein Interimsnachfolger wird Dr. Wolfgang Stresemann.

13. bis 31. Oktober: Japan-Korea-Tournee des Berliner Philharmonischen Orchesters mit Herbert von Karajan

12. Dezember: Auszeichnung mit dem Eduard-Rhein-Ring

1985 Januar: Karajan nimmt zum ersten Mal Mozarts Oper »Don Giovanni« im Studio auf Schallplatten auf

30. März: Eröffnung der 19. Osterfestspiele Salzburg mit Karajans Neuinszenierung von Bizets »Carmen« unter seiner Leitung

29 Juni: Karajan dirigiert vor dem Papst im Petersdom zu Rom mit den Wiener Philharmonikern Mozarts »Krönungsmesse«

Band 2317
432 Seiten
mit zahlreichen
Abbildungen
ISBN 3-426-02317-2

Als Boleslaw Barlog die Generalintendanz des Schiller-Theaters, des Schloßpark-Theaters und der Schiller-Theater-Werkstatt übernimmt, gehört es zu seinen dringendsten Anliegen, das Vakuum, das das Dritte Reich nicht nur im Berliner Kulturleben hinterlassen hat, wieder aufzufüllen. Binnen kurzem macht Barlog sein Publikum mit der Entwicklung der internationalen Dramenliteratur vertraut. Er liebt das moderne Theater, wenn auch nicht das modernistische. Seinen Schauspielern und Regisseuren aus jenen Tagen gedenkt Barlog in liebevollen Porträts: Bertolt Brecht, Gustaf Gründgens, Fritz Kortner, Martin Held und viele andere, deren Namen unvergessen sind.

Biographie

Knaur®

Taschenbücher

Band 2301
352 Seiten
mit zahlreichen
Abbildungen
ISBN 3-426-02301-6

1825 wurde Ludwig I. König von Bayern. Bis heute lebendig geblieben ist er vor allem als Musenfürst und als Förderer der Künste. Er machte aus München »eine Stadt, die man gesehen haben mußte«. Hervorragende Künstler wie Klenze, Gärtner, Schwanthaler und Cornelius standen in seinen Diensten und haben die weitreichenden Pläne, die Ludwig vielfach schon als Kronprinz während seiner frühen Aufenthalte in Italien gefaßt hatte, ins Werk gesetzt. Ludwig I. – ein weltoffener, volkstümlicher König – geriet im Revolutionsjahr 1848 durch die Machtgelüste seiner Vertrauten Lola Montez in eine Kabinettskrise. Noch im gleichen Jahr legte er die Krone nieder.

Biographie

Taschenbücher

Egon Cäsar Conte Corti

Maximilian von Mexiko
Die Tragödie eines Kaisers

Biographie

Mit zahlreichen Abbildungen

Band 2306
288 Seiten
mit zahlreichen
Abbildungen
ISBN 3-426-02306-7

Maximilian, der jüngere Bruder von Franz Joseph I., zieht als neuer Kaiser in der mexikanischen Hauptstadt ein. Er kommt mit den besten Absichten – doch in Mexiko herrscht Bürgerkrieg, und selbst ein reform- und friedenswilliger Monarch wie er hat kaum eine Chance. Die Anhänger des mexikanischen Präsidenten Juarez kontrollieren weite Gebiete, die französischen Besatzungstruppen können sich nicht durchsetzen und die benachbarten Vereinigten Staaten sind einer Monarchie in Mexiko nicht gewogen. In Europa muß sich Napoleon gegen Preußen stark machen, und auch er läßt Maximilian fallen. Verzweifelt reist Maximilians Gemahlin Charlotte um Hilfe nach Europa, doch es ist zu spät. Im Juni 1867 fällt Maximilian durch ein republikanisches Hinrichtungskommando.

Biographie

Band 2312
288 Seiten
mit zahlreichen
Abbildungen
ISBN 3-426-02312-1

Napoleon war siebenunddreißig Jahre alt, als er im Januar 1807 in Warschau die schöne Gräfin Maria Walewska kennenlernte und sich in sie verliebte. Sie war kaum zwanzig, unerfahren im Leben und in der Liebe und mit einem polnischen Aristokraten verheiratet, der fünfzig Jahre älter war als sie. Napoleon, der triumphale Eroberer Europas, war der Inbegriff der Romantik, der mit einem Schlag Polens Unabhängigkeit wiederherstellen würde. Das polnische Volk und die polnische Aristokratie begrüßten ihn mit Pomp und Feierlichkeiten. Der Höhepunkt war ein Empfang im königlichen Palast. Im großen Salon stand er Maria zum erstenmal gegenüber und verfolgte sie von diesem Augenblick an mit der ganzen Begeisterung und Entschlossenheit, die sein Schicksal antrieben.

Biographie

Band 2314
672 Seiten
mit zahlreichen
Abbildungen
ISBN 3-426-02314-8

Elisabeth von Österreich, die Kaiserin wider Willen, hat nur
wenig mit dem Publikumsliebling »Sissi« gemeinsam. Hier
tritt die bisher unbekannte Elisabeth hervor, in aller Eigen-
ständigkeit und Tragik – eine großartige Biographie, die auf
früher nicht zugänglichen Dokumenten basiert.
Mit dieser grundlegenden Biographie hat Brigitte Hamann
der hochbegabten und scharfsichtigen Frau zum erstenmal Gerechtigkeit widerfahren lassen.

Biographie

Band 2315
336 Seiten
mit zahlreichen
Abbildungen
ISBN 3-426-02315-6

Es begann wie im Märchen vom häßlichen Entlein: Die junge Cecilia Sophia Anna Maria Kalegoropoulos war ein dickliches, nicht besonders hübsches und recht unbeholfenes Mädchen. Doch sie hatte ein Geheimnis – ihre Stimme – und dazu einen eisernen Willen. Mit der Offenbarung eines großen Temperaments und einer persönlichen und künstlerischen Präsenz sondergleichen wurde aus dem scheinbaren Mauerblümchen der gefeierte Opernstar und Mittelpunkt der internationalen Musikszene. Aus dem Mädchen mit dem langen Namen wurde kurz »die Callas«.